LA IMAGEN EN LOS PRODUCTOS EDITORIALES

Online y offline

ISBN-13: 978-1517207403

ISBN-10: 1517207401

LA IMAGEN Y EL PRODUCTO EDITORIAL

1. La imagen

La imagen es un referente visual de la realidad. Se refiere a la representación, semejanza o apariencia de algo.

La comunicación visual hace referencia al conjunto de elementos gramaticales y sintácticos que operan en cualquier imagen visual.

De este modo, en el lenguaje visual, la imagen es un elemento de la comunicación que contiene o lanza un mensaje determinado.

En la comunicación visual intervienen:

- Emisor: quien emite el mensaje.
- Receptor: quien recibe el mensaje.
- Mensaje: lo que se trasmite.
- Código: conjunto de normas y procedimientos que relacionan significantes con significados.
- Canal: soporte a través del cual se trasmite el mensaje (periódicos, tv, cine…).

Las funciones de la comunicación visual son:

- Función expresiva o emotiva: Tienen como objetivo transmitir emociones. Se trata de imágenes utilizadas con finalidad sentimental.
- Función cognitiva, apelativa o exhortativa: Es aquella relacionada con la persuasión, cuyo objetivo es convencer. Los mensajes publicitarios son los usuarios por excelencia de esta función.
- Función referencial o informativa: Son imágenes cuyo objetivo es informar. Su función es ilustrar un texto o una noticia. Su uso es acusado en libros de texto o prensa, así como también en señales de tráfico.
- Función poética o estética: Consiste en aquella imagen que busca la belleza con sentido artístico, estético. Son imágenes que valen en sí mismas.
- Función fática: Se trata de aquella que tiene como objetivo llamar la atención. Es muy frecuente en el uso de contrastes, en los tamaños y al igual que la cognitiva es muy utilizada en los mensajes publicitarios.

- Función metalingüística: Es aquella función que se refiere al código, se ha de conocer el código para otorgarle un significado.
- Función descriptiva: Ofrece información detallada y objetiva sobre aquello que representa (dibujos científicos, mapas).

2. Características de las imágenes

La imagen podrá tener un significado u otro dependiendo de la forma en la que se represente la imagen, la técnica empleada para realizarla, el color, la forma, el tamaño, etc. De este modo, a la hora de elegir o tratar una imagen se deben de tener en cuenta sus características técnicas, visuales, estéticas y semánticas.

No hay que olvidar que el propio canal, el código y el contexto afectan de forma destacada a la significación final de la imagen.

2.1. Características técnicas

Son aquellas que configuran y conforman la imagen.

- El **punto**: elemento expresivo más simple: es primario y estático. Suele ser pequeño y redondo, aunque su forma y tamaño dependen del material, la herramienta y el soporte en el que se realice. El punto no tiene por qué estar representado en la imagen pero actúa plásticamente en la composición.

- La **línea** es el rastro que se produce por el desplazamiento del punto. Su principal particularidad reside en su capacidad para formar planos. Se distinguen las siguientes clases de líneas:
  - Según la dirección, se distinguen tres tipos: horizontal (equivale al horizonte), vertical (opuesta a la horizontal, junto con la que crea un ángulo recto) y oblicua (formada por sus desviaciones).
  - Las líneas quebradas o angulares: formadas por dos rectas resultantes de la acción de dos fuerzas opuestas. Se distinguen según su ángulo: agudo, recto u obtuso. Las restantes se consideran de ángulo libre.
  - La línea curva: surge por la actuación de dos fuerzas sobre un punto de la línea, una de ellas mayor y continúa. A medida que la fuerza aumenta, la curva es más cerrada.

- El **contorno** es la delimitación que describe una línea. Según Dondis, existen tres contornos básicos: el círculo, el cuadrado y el triángulo, y a partir de dichos contornos básicos se pueden construir todas las formas físicas de la naturaleza y de la imaginación del hombre.

2.2. Características visuales y estéticas

Conforman de manera visual el contenido del mensaje, al que influyen y condicionan. Se pueden destacar tres características: color, composición y textura.

El color: cualidad de los objetos perceptible gracias a la luz, los ojos y las propiedades de dichos objetos. Las combinaciones cromáticas son infinitas, por lo que existe un sistema de clasificación para identificar y organizar las variaciones del color:
- El **tono**: presencia o ausencia de luz en el color. Cada color del círculo cromático es un tono.

- El **valor o brillo**: mezcla del tono con blanco o negro para ganar luminosidad u oscuridad respectivamente.

- La **saturación**: los colores no siempre son puros, suelen estar compuestos por mezclas de cantidades desiguales de colores primarios. Cuanto más se acerque el tono al color primario más saturado está.

A partir de estas propiedades surgen nuevos conceptos relacionados con la elección de color:

- La **gama** es el conjunto de colores del mismo tono relacionados entre sí por diferentes valores.

- La **armonía** se refiere a relación entre los colores de la composición. Una composición armónica proporciona sosiego, y se produce al usar colores afines, cercanos en el círculo cromático (rojo, naranja o amarillo), o con una base común (pastel y blanco). Por ejemplo, la armonía de colores fríos (azules y verdes) producen una sensación de lejanía al ser fríos y relajantes; mientras que los colores cálidos (rojos y amarillos) tienden a expandirse y dan sensación de cercanía. Al contrario, los contrastes armónicos suelen cansar la vista y se producen al utilizar colores opuestos en el círculo cromático.

La **composición** es la manera en que se ordenan los elementos que forman la imagen. Su disposición influye en las sensaciones transmitidas y el mensaje a emitir. Para desarrollar una buena composición se debe tener en cuenta:

- El espacio donde se desarrolla la composición: horizontal, vertical, cuadrado o circular.
- La dirección de las figuras o elementos principales (circular, perpendicular, diagonal, etc.).
- El equilibrio de la imagen: se debe establecer un eje en el formato.

La **textura** ofrece información sobre la superficie de los objetos. Ayuda a distinguir y reconocer objetos (textura táctil) y puede reproducir sensaciones como la aspereza o la suavidad (textura visual).

2.3. Características semánticas

Las características semánticas de la imagen fueron formuladas a través de parejas opuestas por Dondis.

Hay que tener en cuenta que las imágenes pueden contener una o varias de las características.

- ○ **Iconicidad y abstracción**. La iconicidad hace referencia a la semejanza de la imagen con la realidad exterior (alta en las imágenes figurativas y las fotografías). Por el contrario, la abstracción representa una visión modificada o distorsionada de la realidad. A continuación se puede ver una imagen icónica y abstracta de un león. Es importante advertir que hay distintos grados de abstracción.

o **Originalidad y redundancia**. La originalidad es la capacidad de sorprender de las imágenes, aportando planteamientos estéticos nuevos y formas diferentes de entender la realidad. Por el contrario, la redundancia se refiere a la repetición de patrones o modelos ya establecidos y aceptados. En las imágenes redundantes es usual el uso de estereotipos, concepciones repetidas de manera frecuente que tienden a simplificar la realidad que representan. La imagen de la izquierda se puede considerar original por su composición, mientras que el uso de la forma de los hombres y mujeres en los servicios (derecha) se considera redundante.

- **Monosemia y polisemia**. Una imagen monosémica tiene un único significado, un sentido obvio y directo, emitiendo un mensaje inequívoco. Por el contrario, una imagen polisémica tiene amplitud de significados y ofrece complejidad, siendo muy común en publicidad. La señal de prohibido fumar (izquierda) es un claro ejemplo de imagen monosémica, mientras que la imagen de la derecha ofrece un significados adicionales.

- **Denotación y connotación**. La denotación es una lectura literal u objetiva de la imagen (casi imposible de encontrar). Por el contrario, la connotación es una lectura subjetiva de la imagen, cuya interpretación realiza el receptor y depende de su conocimiento y ámbito cultural. Así, la señal de dirección obligatoria (izquierda) tiene un significado objetivo, mientras que la de la derecha es connotativa y relaciona los conceptos de suerte, actitud y alcohol.

o **Sencillez y complejidad**. Esta característica depende de la cantidad de elementos que conforman la imagen. Cuantos más elementos visuales se empleen, mayor es su complejidad perceptual. Sin embargo, también es posible encontrar imágenes sencillas con gran complejidad en significado.

El contraste entre ambas se puede apreciar en las siguientes imágenes: sencilla (izquierda) y compleja (derecha).

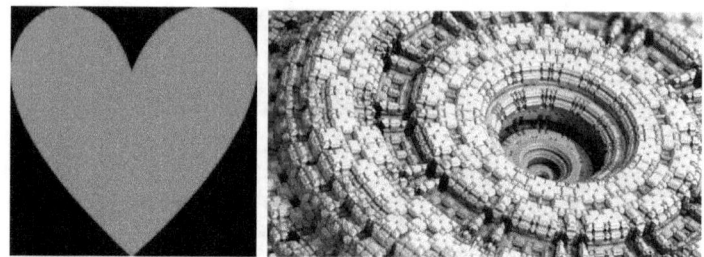

3. Tipos de imágenes

La **fotografía** es una técnica que, de forma analógica o digital, permite captar imágenes de la realidad en un momento determinado. La fotografía describe fielmente la realidad, por lo que, en general, se considera objetiva, especialmente en el caso de la fotografía documental y el fotoperiodismo. Sin embargo, desde luego, también puede emplearse buscando un fin artístico o subjetivo.

Ilustración es la acción y efecto de ilustrar (dibujar, adornar). El término se refiere a dibujo, estampa o grabado que adorna, documenta o decora un libro.

La ilustración, como técnica, consiste en proporcionar un significado a un texto determinado mediante el lenguaje visual. La ilustración interpreta el texto, por lo que da un punto de vista personal.
Los avances tecnológicos han permitido la fusión de ambas técnicas en **imágenes híbridas** que combinan fotografía e ilustración, muy habituales en todo tipo de publicaciones.

Por otro lado, es importante destacar que, independientemente de la técnica empleada (fotografía o ilustración), desde el punto de vista conceptual, también se entiende por **ilustración** al acto de mejorar la comprensión de un texto, hecho, concepto o idea a través del lenguaje visual.

4. Criterios generales para la selección de imágenes para proyectos editoriales

A la hora de seleccionar imágenes, siempre es necesario hacer una **investigación previa** sobre el tema del que trata el texto, así como para conocer los objetivos del producto editorial y los de la propia imagen como parte configuradora de éste.

En primer lugar, hay que averiguar quiénes van a ser los destinatarios, quiénes serán los receptores finales para adaptarlo a sus necesidades, intereses, códigos, etc. Es decir, definir un **público objetivo**.

También se debe asegurar el **entendimiento** del diseño global, buscando ideas clave y recursos que permitan concretar los objetivos del proyecto.

Para hacerse una composición de lugar, es conveniente realizar una **documentación**, revisando otros ejemplos de ilustraciones similares (propias y ajenas) y creando una base de datos de imágenes.

Una vez finalizada esta fase previa, se puede iniciar la creativa eligiendo un conjunto de ideas y pautas claramente definidas para, posteriormente, realizar los primeros bocetos.

Es importante no sólo seleccionar las mejores ideas. Hay que asegurarse que éstas son adecuadas al producto y a su público objetivo, son originales y son factibles.

Idoneidad de la imagen

Desde el punto de vista de la ilustración de textos, las imágenes deben ser apropiadas, acordes a la palabra y fácilmente comprensibles.

No todos los medios de representación de imágenes captan la realidad con el mismo grado de iconicidad o con la misma veracidad.

Según el tipo de texto a ilustrar se distinguen los siguientes tipos de ilustración:

- o **Ilustración científica**: requiere un dibujo muy detallado, ya que debe reafirmar visualmente los textos de forma muy descriptiva.
- o **Ilustración editorial**: empleada en revistas, diseño gráfico, páginas web, portadas de libros o CD, etc.
- o **Ilustración de textos o literaria**: acompaña a un texto literario, aportando información y creando imágenes alusivas.
- o **Ilustración publicitaria**: empleada en *packaging* de productos, *flyers*, carteles, etc.

Realce de los contenidos de un texto mediante ilustraciones

En el caso en el que se quiera realzar el contenido de un texto, la imagen debe actuar como un **mensaje secundario** que debe clarificar el texto, el mensaje principal. En este sentido, la imagen ha de ser un **énfasis del texto**, no ocultarlo.

Hay que tener en cuenta el **espacio a ilustrar** en relación a la facilidad de lectura de texto e ilustración. Por ello, se recomienda que los espacios de texto e imágenes sean limítrofes para que el receptor no tenga que mover demasiado los ojos por la página.

5. Historia y evolución de la imagen

Hasta la invención del lenguaje, la imagen fue el **medio de comunicación** empleado por el hombre. Con el desarrollo de éste no desapareció su uso, especialmente complementando, decorando e ilustrando textos.

Las imágenes se realizaban de forma manual hasta el siglo XII cuando se inició la **estampación** para reproducirlas de forma seriada. Las primeras técnicas de estampación empleadas fueron:

1. La **xilografía**: tallar planchas de madera con buril o gubias, de las cuales se obtiene una imagen en relieve que se entinta para imprimir.
2. La **calcografía**: impresión de imágenes mediante el uso de bajo relieve o hueco de la madera.

En 1450 Gutenberg creó la **imprenta**, sistema de reproducción basado en tipos móviles: moldes en madera de cada letra del alfabeto que se rellenaban posteriormente de hierro. Las páginas se componían con los tipos y se transmitían a papel en la prensa. La imprenta se desarrolló rápidamente, extendiéndose por toda Europa y originando nuevos modos de comunicación, como el periódico y la revista.

Durante los siglos XVIII y XIX, se introdujo el **aguafuerte**, técnica de impresión que utiliza planchas metálicas. Éstas se cubrían con betún de Judea, que se dejaba secar para posteriormente dibujar. Después, se introducía la plancha en una solución ácida que corroía la plancha en las zonas sin barniz.

En el siglo XVIII se inventó la **litografía**, que supuso un gran avance en el mundo de la imagen, ya que permitía reproducir imágenes y textos en color. La técnica consistía en dibujar sobre una piedra con un lápiz graso. La piedra se mojaba con agua y, tras ello, se entintaba. La tinta se depositaba sobre el área de la imagen, ya que el área sin imagen, al estar mojada, repelía la tinta. Se necesitaba utilizar una piedra para cada uno de los colores que se iba a emplear.

Finalmente, en el siglo XIX la aparición de la **fotografía** supuso una revolución en el mundo de la imagen y la comunicación. Su desarrollo está íntimamente ligado al de la química ya que en el siglo XVIII se descubrió que los haluros (o sales) de plata se oscurecían visiblemente bajo la acción de la luz.

El nacimiento de la fotografía se sitúa habitualmente en 1826 a manos de Niépce, quien, tras una exposición de ocho horas, obtuvo una imagen al combinar la cámara oscura con una emulsión de betún de Judea. La imagen obtenida era negativa (la luces aparecían en tonos oscuros y las sombras en tonos claros), ya que la luz oscurecía el betún de Judea que cubría la placa.

Sin embargo, hubo otros avances paralelos que también contribuyeron al desarrollo de la fotografía. En 1839 se creó el **daguerrotipo**, proceso de fijación de la imagen positiva a través de yoduro de plata y vapor de mercurio, que favoreció la industrialización de la fotografía al aportar mayor nitidez a la imagen. En 1841 se inventó el **calotipo**, primer sistema de obtención de imágenes mediante copia positiva de un negativo de la cámara, que entraba en contacto con un papel previamente sensibilizado con sales de plata, yodo y ácido gálico. También destaca la creación de una cámara rudimentaria llamada fotógrafo en 1840 y el comienzo de la fabricación en serie de cámaras, revelado y copiado en 1880.

La **fotografía en color** fue desarrollada en profundidad durante el siglo XX con la comercialización de las primeras películas fotográfica en color como la KodaChrome en 1935. La primera cámara digital fue desarrollada por Kodak en 1975.

6. Imagen analógica y digital

El término **imagen analógica** se puede utilizar para denominar a aquella realizada de forma tradicional, como el dibujo, la pintura o la fotografía analógica. Por su parte, la **imagen digital** configura la imagen en lenguaje binario (matriz numérica de ceros y unos).

La **fotografía analógica** se registra mediante una película y está formada por granos (de sales de plata) como estructura base. Si es en blanco y negro los granos se oscurecen como resultado de la exposición a la luz. En el caso de fotografías a color ocurre algo similar, en este caso con tres capas de pigmentos, cada uno de ellos sensible a un color primario (RGB: *Red, Green and Blue*), cuya combinación origina la imagen a color.

La **fotografía digital** registra la imagen mediante **sensores**, que la convierten en cargas eléctricas y la digitalizan. Existen dos tipos principales de sensores:

- **CCD/CMOS**: chip con diodos fotosensibles que al recibir la luz convierten la carga eléctrica en código digital. El CCD es monocromático (produce imágenes en blanco y negro), ya que solo es sensible a la intensidad de la luz. Para obtener la imagen a color se usa un chip por cada color primario, cuya síntesis aditiva genera el resto de colores. La resolución o detalle de la imagen depende del número de células fotoeléctricas (fotodiodos) del CCD/CMOS, número expresado en píxeles. A mayor numero de píxeles, mayor resolución.
- **X3**: tiene tres capas de CCD y cada una capta uno de los colores primarios para recrear los colores reales de la imagen.

A la hora de almacenar imágenes digitales, existen distintos soportes con sus propias particularidades. El principal condicionante de elección de uno u otro suele ser la capacidad debido al gran volumen de datos de las imágenes digitales. Algunos de los soportes más usados para almacenar datos son: el CD-R y DVD-ROM, el disco duro, el pendrive o las tarjetas de memoria.

TRATAMIENTO DIGITAL DE LA IMAGEN

A través del tratamiento digital se consigue modificar y corregir las imágenes fotográficas. La tecnología digital ha facilitado el retoque y manipulación de la imagen, ofreciendo posibilidades ilimitadas.

Existen distintos tipos de software de retoque fotográfico en el mercado, cada uno con sus características propias, aunque la gran mayoría permite realizar el mismo tipo de modificaciones en el tratamiento de imágenes digitales.

1. Tipos de imagen

Se distinguen dos tipos principales de imágenes digitales:

- **Imagen en mapa de bits** (o raster).
  La imagen está formada por una cuadrícula rectangular de píxeles o puntos de color (a su vez formados por bits), denominada **matriz**. En ella, cada píxel tiene una posición y valor de color determinado. Las imágenes de píxeles no son ampliables ilimitadamente ya que

dependen de la resolución. A mayor número de píxeles mayor será la resolución.

Su principal aplicación es la de reproducir imágenes con gran variación tonal. Los principales software de retoque de imágenes de píxeles son: *Adobe Photoshop, GIMP y Photopaint..* El proceso de conversión de una imagen en mapa de bits a vectorial se denomina vectorizar.

- **Imagen vectorial.** Está formada por objetos geométricos independientes definidos por atributos matemáticos de forma, posición, color, etc. que permiten que pueda ser ampliada o reducida (escalable) sin pérdida de resolución. Presentan archivos más pequeños que las de mapa de bits. El principal uso de las imágenes vectoriales es en el ámbito del diseño (logos, carteles, ilustración, rotulación o tipografía). Los programas que permiten trabajar con imágenes vectoriales son, entre otros, *Adobe Illustrator, Corel Draw y Adobe Flash.* El proceso de conversión de una imagen vectorial a mapa de bits se denomina rasterizar.

Bitmap   Vector

2. Resolución de la imagen

La resolución de la imagen se define como el número de píxeles de la imagen por pulgada (ppp para resolución de pantalla y dpi para resolución de impresión). A mayor resolución, mayor es la calidad de la imagen. En este caso, los píxeles son cada vez menos visibles, se reproducen más detalles y las transiciones de color son más sutiles. Sin embargo, también es mayor el peso del archivo. Para determinar la resolución de imagen a utilizar se debe tener en cuenta el destino final de la imagen y su correspondiente peso.

Interpolación

Si hay necesidad de incrementar el tamaño de una imagen se puede utilizar el método de la interpolación.

Se denomina interpolación al proceso de añadir píxeles para poder magnificar la imagen. Se trata de una modificación de manera digital la resolución de una imagen mediante un algoritmo matemático.

El problema es que se suele perder calidad, tanto en toda la imagen como en áreas determinadas. Esto depende de muchos factores.

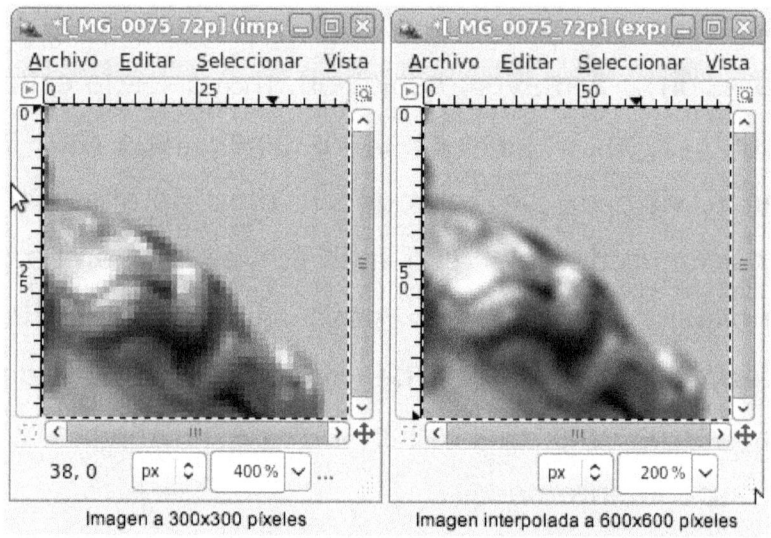

Imagen a 300x300 píxeles   Imagen interpolada a 600x600 píxeles

3. Compresión

La compresión de datos es una técnica que consiste en la eliminación de información redundante para reducir el volumen de un archivo. Para conseguir reducir el espacio de datos, se buscan las repeticiones en series de datos y posteriormente se almacenan dichos datos junto al número de veces que se repiten.

1. La **compresión con pérdida** (*lossy*) altera la imagen, reduciendo la calidad y comprimiendo considerablemente el volumen. Se emplea en casos en los que prima la funcionalidad de la imagen.
2. La **compresión sin pérdida** (*lossless*) mantiene la calidad de la imagen original, pero apenas reduce su volumen. Se emplea en el caso de las imágenes de alta calidad.

Para conseguir realizar la compresión de archivos, se emplean **algoritmos de compresión** que codifican los datos redundantes en función del código redundante, los píxeles redundantes y la redundancia visual.

4. Formatos de imagen

Los formatos de imágenes digitales se pueden clasificar en dos grupos: formatos generales o formatos nativos del programa con el que se han generado (no compatibles con el resto de programas).

Entre los **formatos generales** destacan:

- **JPEG**: formato muy extendido para imágenes en páginas web y fotografías ya que admite millones de colores. Comprime con distintos niveles de pérdida. Permite trabajar con colores RGB y CMYK.
- **GIF**: formato utilizado ampliamente en páginas web. Es adecuado para dibujos, logotipos e imágenes con colores limitados (profundidad de color de 8 bits) y de baja calidad (tamaño pequeño y bajo peso). También pueden guardar áreas transparentes, capas e imágenes rodantes (GIFs animados).
- **PNG**: similar al GIF, aunque comprime las imágenes sin pérdidas, permitiendo mayor

profundidad de color (hasta 48 bits) y guardando datos de transparencia. Recomendable para formatos impresos.

- **TIFF**: formato más extendido para el tratamiento digital de imágenes y gráficos de imprenta. Permite guardar muchos medios tonos y capas, y comprime sin pérdida de calidad. Compatible con gran parte de los sistemas operativos y editores de imágenes.

- **RAW**: se emplea en cámaras de gama media y alta ya que es un formato en bruto (sin pérdida) que mantiene el máximo detalle de la imagen y ocupa mucho espacio. Cada fabricante de cámaras fotográficas denomina de manera propia a los archivos RAW (CR2 para Canon, o NEF para Nikon).

- **DNG**: formato público diseñado por Adobe para los archivos sin procesar que generan las cámaras digitales. Suple así la falta de un estándar abierto de RAW.

- **EPUB:** formato redimensionable de código abierto para leer textos e imágenes. También permite también adjuntar audio. Utilizado en ebooks.

Entre los **formatos nativos** podemos mencionar:

- **PSD**: pertenece a *Adobe Photoshop*. Admite capas, texto y almacena el estado de edición en que puede haber quedado una imagen. Permite almacenar las imágenes con la calidad más alta, aunque a costa del uso de un gran espacio en disco.
- **PDF**: creado por Adobe para *Acrobat Reader.* Compatible con archivos que combinan texto e imágenes y permite incrustar imágenes, gráficos y tipografías. Está indicado para la impresión de imágenes por su carácter multiplataforma.
- **PS** (*Postscript*): creado por Adobe para albergar en un único fichero de gran tamaño toda la información de una página (textos, imágenes, gráficos, fuentes, etc.). Se emplea para realizar procesos de autoedición de forma sencilla.
- **EPS** (*Encapsulated Postrcript*): empleado para almacenar imágenes posteriormente incluidas en las páginas elaboradas con programas de maquetación de texto. Ocupa gran volumen de

información y su uso está extendido en la impresión profesional.

- o **BMP**: usado por los programas de Windows. Se le puede aplicar compresión sin pérdidas.
- o **PDN**: usado en el programa *Paint.NET*. Posee composición por capas.
- o **XCF:** usado por *GIMP*. Almacena toda la información de la imagen incluyendo la relativa a las diferentes capas, canales, selecciones actuales, etc.
- o **AI**: nativo del software vectorial Adobe Illustrator. Basado en el formato PDF, totalmente editable y mantiene la transparencia. Ideal para usarlo en InDesign y Photoshop.
- o **SWF**: formato de archivo de gráficos vectoriales creado por Adobe. Suelen ser suficientemente pequeños para ser publicados en la World Wide Web en forma de animaciones con diversas funciones y grados de interactividad.

Formatos recomendados:

- Web, multimedia, correo electrónico, vídeo:
    - Fotografías: JPEG
    - Dibujos y logotipos: JPEG, GIF, PNG
- Impresión: TIFF, PSD, JPEG
- Fotografía (cámara):
    - Aficionado: JPEG
    - Profesional o aficionado avanzado: RAW

5. Elementos del color

5.1. Profundidad de color

La profundidad de color de una imagen digital en mapa de bits indica el número de colores que puede contener cada uno sus píxeles (medida en bits).

Es una unidad de medida binaria ya que cada píxel está formado a su vez por bits. A mayor número de bits, mayores serán las posibilidades cromáticas, la calidad de la imagen y el espacio.

Hay imágenes de 1, 2, 8, 24 y 32 bits. Cada valor multiplica la cantidad de colores disponibles que pueden usar los píxeles de la imagen.

Para reproducir una imagen en blanco y negro se necesita una profundidad de 8 bits (256 tonos) y para una imagen digital de calidad un mínimo de 24 bits.

5.2. Balance de blancos (temperatura de color)

Sirve para ajustar el brillo a los colores básicos (RGB). Su fin es que la parte más brillante de la imagen sea de color blanco puro y la más oscura de color negro puro.

Los colores que registra el sensor de la cámara digital dependen de la iluminación. El balance de blancos ajusta el color RGB dominante en una fuente de luz artificial.

5.3. Gama de color

En términos generales, la gama de color es el conjunto de colores del mismo tono relacionados entre sí por diferentes valores.

Ahora bien, en el ámbito de la imagen digital se entiende como gama de color de un dispositivo o proceso (usado para la creación de un color) a la proporción del espacio de color que se puede representar con ese dispositivo o proceso. De este modo, la gama de un dispositivo define el espacio de color que puede (re)producir. Por ejemplo, un monitor puede mostrar una gama más amplia de colores que una impresión en offset con colores CMYK, mientras que el monitor no puede mostrar con precisión algunos de los colores CMYK.

Existen diferentes modelos de color o sistemas de referencia.

- **Modelo Munsell.** En 1905 el Profesor Albert Münsell desarrolló un sistema mediante el cual se ubican de forma precisa los colores en un espacio tridimensional. Para ello usa tres atributos: matiz, saturación y brillo. Absolutamente todos los colores pueden ser ubicados en un espacio tridimensional, de acuerdo con estos.

-

- Cada color está dispuesto en un círculo con un eje central que, de arriba abajo, va del blanco al negro (colores neutros). Los matices se muestran en varios ángulos alrededor del eje neutral. La escala de intensidad es perpendicular al eje y aumenta hacia fuera.

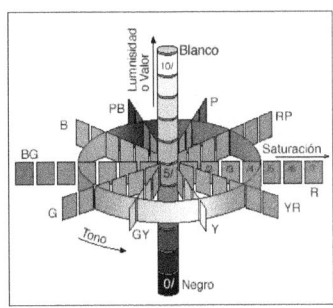

- **Color LAB** (Cielab). Modelo estandarizado de medición de color creado por la Comisión Internacional de Iluminación en 1931 y perfeccionado posteriormente. Se representa en forma de triángulo con los colores ordenados en tres canales:

  o Luminosidad (L): de 0 (negro) a 100 (blanco)

  o Canal cromático A: de 120 (verde) a -120 (rojo)

  o Canal cromático B: de 120 (azul) a -120 (amarillo)

  o

La zona central es acromática, siendo el centro el punto blanco, a partir de la cual aumenta la saturación.

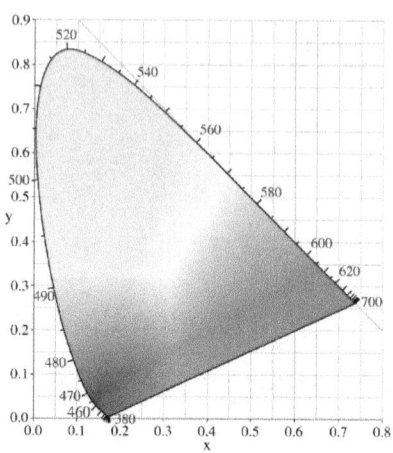

- **RGB (Red, Green and Blue)** es la composición del color en términos de la intensidad de los colores primarios de la luz. De este modo trabaja con tres canales de información, uno por color: rojo, verde y azul. RGB es un modelo de color basado en lo que se conoce como síntesis aditiva, con la que es posible representar a un color por la mezcla por adición de los tres colores luz primarios. Se usa por defecto para la visualización en pantalla.

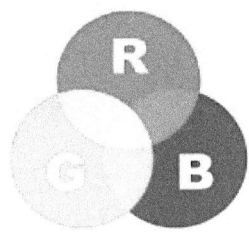

- **CMYK:** tiene cuatro canales, uno por tinta: cian, magenta, amarillo y negro. Los colores se expresan en porcentaje de tinta.CMYK se utiliza para sistemas profesionales de impresión que emplean cuatro tintas (cuatricromía).

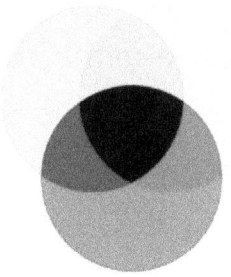

- **NCS (Natural Color System):** basado en la percepción visual de color. Cada color se representa con seis cifras: las cuatro primeras para el matiz y las dos últimas el tono. Está basado en seis colores: blanco, negro, amarillo, rojo, azul y verde. es un sistema de notación de colores publicado por Skandinaviska Färginstitutet AB, el Instituto Escandinavo del Color, en Estocolmo.

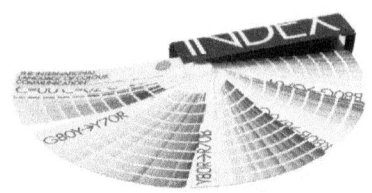

- **Pantone** es un sistema de definición cromática creado por la empresa Pantone Inc. Este modo de color a diferencia de los modos CMYK y RGB suele denominarse color sólido. El sistema se basa en una paleta o gama de colores, las Guías Pantone. Cada color está identificado por una numeración y unas siglas.

-

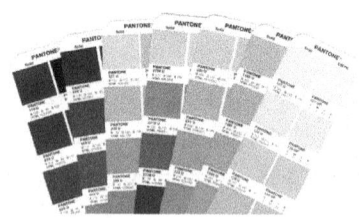

5.4. Contraste

Se podría definir como la diferencia relativa en intensidad en la gama de blancos y negros o en la de colores entre un punto de una imagen y sus alrededores. De este modo, el contraste modifica la luminosidad entre las zonas más oscuras y más claras de una imagen.

En una imagen con poco contraste apenas se distinguirá la figura del fondo, y los tonos de la imagen quedarán apagados. En cambio, en una imagen con alto contraste se apreciarán manchas y los colores tenderán al negro, perdiendo los tonos claros y medios.

En las herramientas de retoque de imágenes aparecen, normalmente juntas, las barras de contraste y brillo (cantidad de luz que hay en la imagen), que permiten modificar sus valores de forma numérica.

5.5. Niveles

El software de tratamiento de imágenes suele tener una herramienta de **niveles** (de entrada y salida), que permite corregir la gama tonal y el equilibrio de color de una imagen ajustando los parámetros de intensidad de las sombras, los medios tonos e iluminaciones.

6. Estándares de calidad aplicables a la imagen

La calidad de la imagen viene dada por los aspectos mencionados anteriormente.

- Formato de la imagen
- Resolución de la imagen
- Elementos del color (profundidad de color, balance de blancos, contraste y tonos medios)

7. Adaptación de la imagen al producto editorial

El soporte final en el que estarán las imágenes (web, impresión editorial, impresión fotográfica, etc.) condicionará el tratamiento de éstas en cuanto a resolución, formato, etc.

- **Imágenes destinadas a pantalla** (móvil, web, tablet, e-book): no necesitan gran resolución (72 o 96 ppi, la que suelen tener los monitores de ordenador) y deben guardarse en RGB. Se recomienda un formato con pérdida para reducir su peso (JPEG y GIF).

-

- **Imágenes destinadas a impresión**: requieren mayor resolución (a partir de 300 ppi). Deben guardarse en CMYK, excepto fotografías en papel fotográfico en RGB. Se recomienda un formato sin pérdida (PNG o TIFF). Aquellas que se envíen a imprenta deben guardarse en formatos compatibles como PDF.

No conviene obviar que el propio soporte también afecta a la selección de las imágenes y a la forma en la que éstas serán integradas en el diseño general.

GIMP

GIMP es un programa de edición de imágenes digitales que trabaja con dibujos y fotografías. Es un software libre y de distribución gratuita.

Este programa se puede utilizar para manipular y editar imágenes, hacer retoques fotográficos, componer y crear imágenes o simplemente como programa de dibujo.

Soporta capas y canales para modificar cada objeto de la imagen en forma totalmente independiente a las otras capas en una misma imagen.

1. Área de trabajo

1. Barra de herramientas.

2. Caja de herramientas.

3. Capas, canales, rutas y pinceles, patrones y degradados.

2. Barra de herramientas

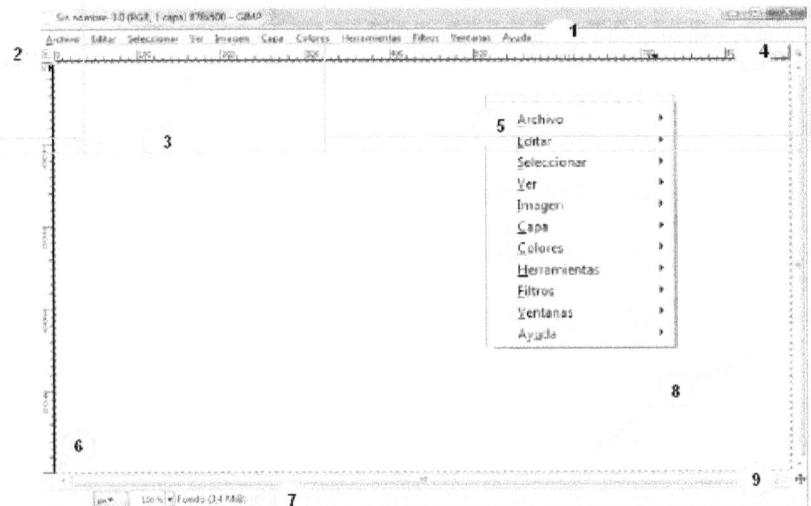

1. Menú principal.

2. Botón del menú de la imagen.

3. Reglas y guías.

4. Ampliar la imagen al aumentar la ventana.

5. Menú Emergente (clic derecho sobre zona blanca).

6. Activar/desactivar mascara rápida.

7. Barra de estado.

8. Barra de desplazamiento.

9. Navegar por la imagen.

3. Caja de herramientas

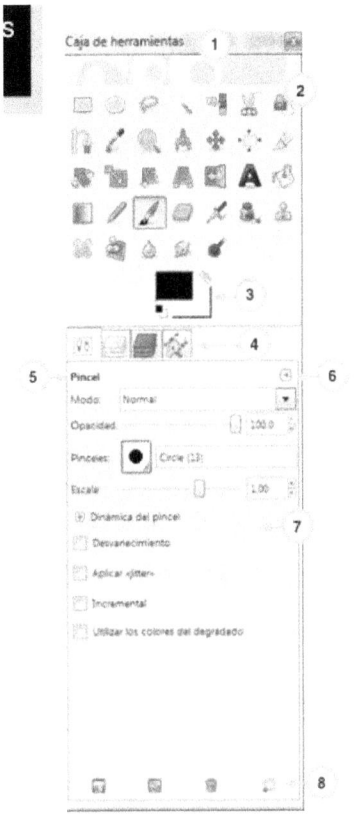

1. Barra de titulo.

2. Panel de herramientas.

3. Color de fuente y fondo.

4. Solapas.

5. Herramienta seleccionada.

6. Opciones de solapas.

7. Opciones de la herramienta seleccionada.

8. Guardar, recuperar, borrar y reiniciar.

La Caja de herramientas es el corazón de GIMP y es la única parte que no puede cerrarse. Incluye las funciones que se usan más. Los botones dan acceso fácil y rápido a cada una de las herramientas. En la parte inferior aparecen las opciones de dicha herramienta.

- ▢ **Selección rectangular**. Selecciona regiones rectangulares o cuadradas. Arrastrar el mouse con el botón izquierdo presionado para seleccionar una zona rectangular. Con la tecla mayúsculas (Shift) presionada se seleccionan zonas cuadradas. Las selecciones de pueden modificar arrastrando sus bordes.

- ○ **Selección elíptica**. Selecciona regiones elípticas o circulares. Arrastrar el mouse y con el botón izquierdo presionado, seleccionar una elíptica. Con la tecla mayúsculas (Shift) presionada se seleccionan zonas circulares. Las selecciones se pueden modificar arrastrando sus bordes.

- ✐ **Selección libre (lazo)**. Selecciona regiones dibujadas a mano. Arrastrar el mouse con el botón izquierdo presionado para seleccionar una zona "a mano alzada".

- ✎ **Selección difusa (varita mágica)**. Selecciona regiones continuas. Pulsando el botón izquierdo del mouse se seleccionan zonas continuas de la imagen que tienen un color similar dependiendo del umbral que se le indique en las opciones de herramienta.

- **Selección por color**. Selecciona regiones por colores. Presionando el botón izquierdo del Mouse, se seleccionan todas las zonas de la imagen que tienen un color similar, aunque no sean continúas.

- **Tijeras inteligentes.** Selecciona formas de la imagen. Con el botón izquierdo del mouse se seleccionan formas irregulares de la imagen que después se pueden manipular.

- **Rutas.** Crea y edita rutas. Crea y selecciona rutas usando curvas Bèzier. También puede usarse para dibujar.

- **Recoge-color** (cuentagotas). Informa del color exacto de un punto o una zona de la imagen.

- **Ampliación** (lupa). Aumenta (botón izquierdo del mouse) o disminuye (Control + botón izquierdo del mouse) el tamaño en el que se ve la imagen o la selección.

- **Medir.** Mide las distancias y los ángulos.

- **Mover.** Mueve la selección o la capa.

- **Alineado.** Alineación de objetos y de capas.

- **Recortar.** Recorta o cambia el tamaño de una selección. Combina las herramientas Seleccionar y recortar. Las selecciones se pueden modificar arrastrando sus bordes.

- **Rotar.** Rota la capa o la selección.

- **Redimensionar.** Escala y cambia el tamaño de la capa o la selección.

- **Inclinar** la imagen o la selección.

- **Perspectiva.** Cambia la perspectiva de la capa o la selección.

- **Voltear.** Gira la imagen izquierda-derecha o arriba-abajo.

- **Texto.** Abre un editor de texto para insertar texto en una imagen.

- **Relleno de cubeta (cubo de pintura):** Rellena una zona con el color de frente, con el color de fondo o con un patrón.

- **Mezcla:** Rellena con un gradiente o degradado (mezcla de colores).

- **Lápiz:** Dibuja líneas simulando un lápiz. Con la tecla Mayúsculas presionada dibuja líneas rectas.

- **Pincel o brocha:** Pinta trazos simulando el efecto de un pincel. Con la tecla Mayúsculas presionada dibuja líneas rectas.

- **Goma de borrar.** Borra el color o la transparencia.

- **Aerógrafo:** Dibuja simulando el efecto *spray*.

- **Tinta (pluma)**: Simula líneas dibujadas con tinta.

- **Clonar (sello)**: Dibuja clonando zonas de la imagen. Con Ctrl + botón izquierdo del mouse se elige el origen de la zona a clonar.

- **Sanear:** Corrección de lente distorsionada. Ayuda a reparar una imagen capturada con una lente deformada

- **Clonar con perspectiva**: Clonar una parte de la imagen en otra que tiene perspectiva diferente.

- **Emborronar/enfocar**: Enfocar o desenfocar. Elegir el tipo de convolución (enfoque o desenfoque) sobre todo en los bordes de la imagen.

- **Borronear**: Simula el efecto de pasar un dedo por los colores de un dibujo.

- **Marcar a fuego/ quemar los trazos de una imagen**: con la tecla ctrl. se oscurece, sin pulsarla, se aclara.

4. Capas

Las capas son ventanas de trabajo que funcionan como acetatos puestos uno encima de otro. La parte no rellena de la capa deja ver el contenido de la de abajo, de esta forma se pueden crear producciones ricas en complejidad y potenciar la creatividad.

4.1. Activar una capa:

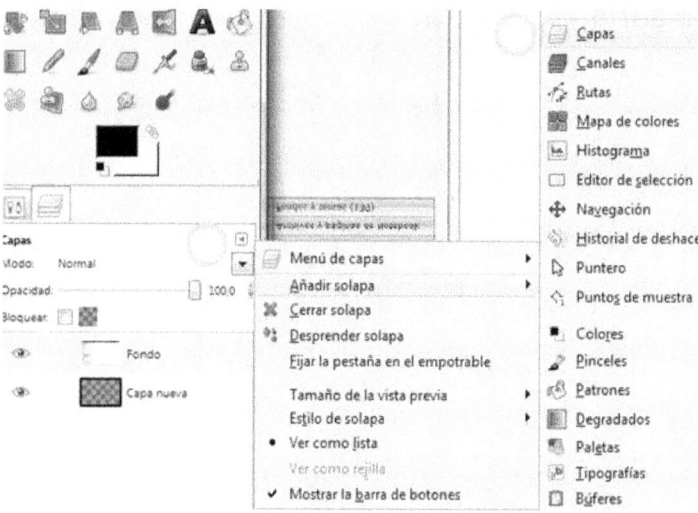

- o Para ver la ventana Capas, seleccionar el triángulo en Opciones de la herramienta. Se desplegará un menú. Seleccionar - Añadir solapa – Capas
- o Ir a Barra de herramientas – Ventanas - Diálogos empotrables - Capas

4.2. Abrir como capa:

3. En la Barra de herramientas seleccionar Archivo - Abrir como capas.

4. Seleccionar un archivo de imagen

4.3 Nueva capa:

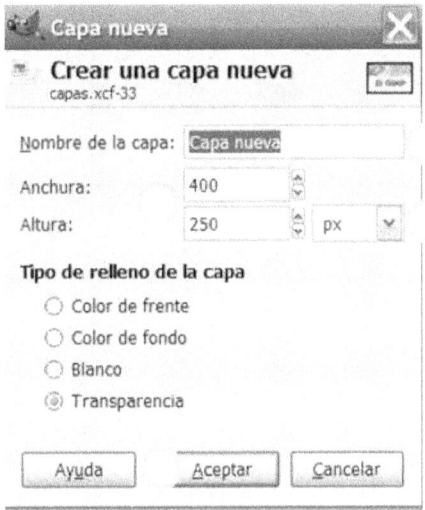

2. En la Barra de herramientas seleccionar Capa - Capa nueva

3. Completar Nombre de capa

4. Ajustar el alto y ancho de la capa en diferentes formatos.

5. Formatos de medición existentes.

4.4 Capas transparentes: Al insertar una capa nueva, si se selecciona que sea transparente, se visualizará un cuadriculado sin imágenes. Sobre este lienzo se pueden crear dibujos, escribir textos e incluir otras imágenes. Lo que se inserte en esta capa se verá superpuesto en la capa anterior.

4.5 Renombrar las capas

Apretar dos veces el botón izquierdo del mouse sobre el nombre. Escribir el nuevo nombre y luego presionar Enter.

4.6 Visualizar las capas

El orden de las capas es importante dado que el fondo debe estar ubicado antes que la capa de las imágenes. Para reordenar las capas se debe seleccionar la capa que se desea mover y trasladarla arriba o debajo de la pila de capas. Para hacer visible o invisible una capa hay que presionar el icono del ojo que figura a su izquierda.

Técnicas y herramientas de retoque fotográfico en Gimp

1. Tamaño y posición

- **Tamaño de lienzo:** permite aumentar o reducir el tamaño del lienzo de la imagen y ajustar las proporciones tanto para recortarla (reducción) como para ampliarla (aumento).
  - **GIMP: Imagen** → Tamaño de lienzo. Introducir las dimensiones de ancho y alto. Presenta la opción capas para especificar como redimensionarlas (ninguno/ todas / capas al tamaño de la imagen / todas las visibles / todas las enlazadas)

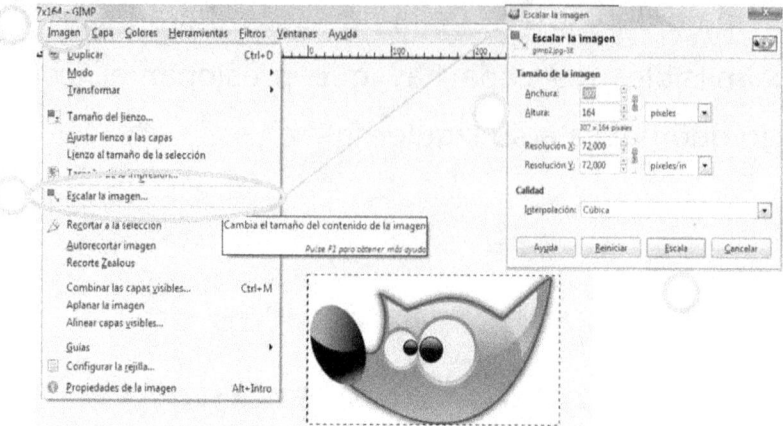

- **Escalar imagen**: Imagen → Imagen → Escalar la imagen.

  1. Elegir Anchura y Altura de la imagen. Los valores se pueden elegir en distintas medidas: píxeles, porcentaje, centímetros, etc.

  2. Calidad:
     - Ninguna: muy rápida pero baja calidad
     - Lineal: rápida pero baja calidad
     - Cúbica: mejor calidad pero lenta
     - Sinc (Lacnzos 3): menos desenfoques en redimensiones grandes

Rotación: permite girar la imagen los grados que se desee. Imagen → Herramientas → de transformación → rotar // icono (Especificar el ángulo de rotación)

Volteo: dar la vuelta a la imagen. Imagen →
Herramientas → de transformación → voltear

2. Pincel, lápiz y texto

1. En la Caja de herramientas seleccionar la
   herramienta Pincel o Lápiz.
2. En la sección de **Opciones de la herramienta**,
   se podrán elegir el tipo de pincel y la opacidad,
   entre otras opciones.
3. Posicionar el cursor del mouse sobre el sector de
   la imagen en el que se quiere agregar trazos o
   líneas.

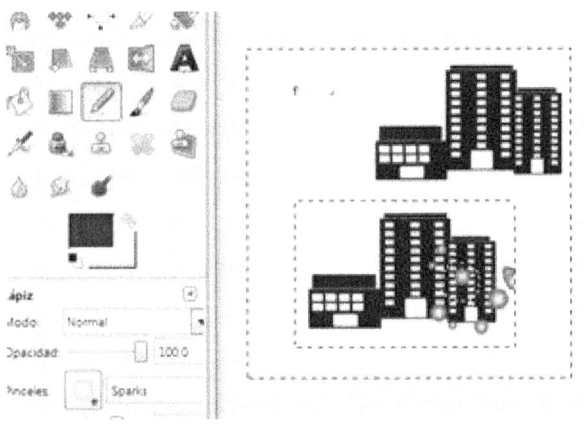

4. En la Caja de herramientas seleccionar la
   herramienta Texto.

5. En la sección de Opciones de la herramienta, se podrá elegir la tipografía, el tamaño, el color y otras opciones.

6. Al posicionar el cursor del mouse sobre el área de la imagen en la que se desea agregar el texto, se abrirá la ventana Editor de textos.

7. Escribir el texto.

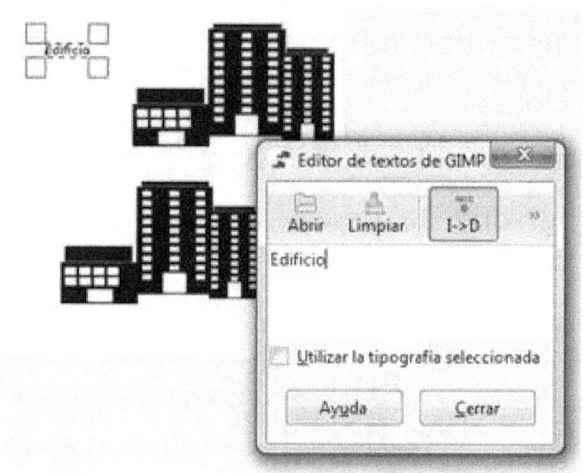

8. Propiedades de texto: En la sección de **Opciones de la herramienta**, se podrá elegir la tipografía, el tamaño, el color y otras opciones.

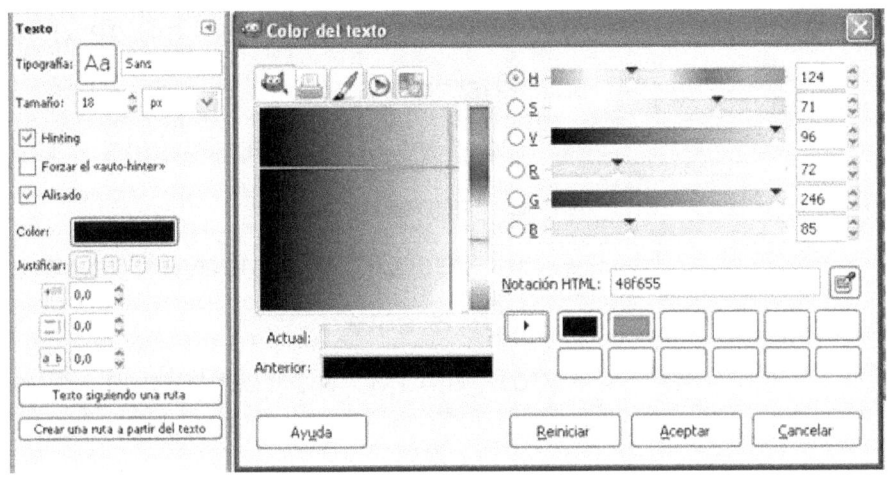

3. Selección y máscaras

- **Selección:** indicación de los elementos o zonas de la imagen en las que se quiere realizar alguna modificación. El resto de la imagen permanecerá intacta. Herramientas → de selección // caja de herramientas.

-

    o Opciones de herramientas:
    - Modo: combinación de selecciones.
        - Reemplazar: la existente se destruye o se reemplaza por la nueva

- Añadir: la nueva se añade a la existente
- Extraer: la nueva se quita de la existente
- Intersección: la nueva solapa a la existente

- Alisado: dibuja los contornos mas suavemente
- Difuminar bordes
- Seleccionar las áreas transparentes
- Muestra combinada: para trabajar con áreas semitransparentes
- Umbral: determina de forma numérica el rango de colores que se seleccionarán
- Seleccionar por: Rojo, Verde, Azul, Tono, Saturación y Valor

- Selección elíptica. Selecciona regiones elípticas o circulares. Arrastrar el mouse y con el botón izquierdo presionado, seleccionar una elíptica. Con la tecla mayúsculas (Shift) presionada se seleccionan zonas circulares. Las selecciones se pueden modificar arrastrando sus bordes.

- Selección libre (lazo). Selecciona regiones dibujadas a mano. Arrastrar el mouse con el botón izquierdo presionado para seleccionar una zona "a mano alzada".

- Selección difusa (varita mágica). Selecciona regiones continuas. Pulsando el botón izquierdo del mouse se seleccionan zonas continuas de la imagen que tienen un color similar dependiendo del umbral que se le indique en las opciones de herramienta.

- Selección por color. Selecciona regiones por colores. Presionando el botón izquierdo del mouse se seleccionan todas de las zonas de la imagen que tienen un color similar, aunque no sean continuas.

- **Máscaras**: selección de la imagen guardada como un canal independiente. Pueden editarse y están en el panel de capas. Sirven para realizar selecciones más complejas que no pueden realizarse con las herramientas de selección. Dos tipos:

- o **Máscara rápida**: para realizar selecciones a través de la herramienta pintura. Una vez activada la imagen se vuelve roja (área fuera de la selección) Las zonas que se pinten en negro se ocultarán, las blancas se verán y las grises tendrán distintos niveles de transparencia. Activar:
  - Seleccionar → Selección en modo máscara rápida
  - [May+Q]
  - Icono en esquina inferior izquierda de la ventana

4. Recorte y perspectiva

o **Recorte**: descarta zonas de la imagen, eliminando contenido. Para emplear la herramienta de recorte hay que seleccionar el área de recorte (la zona fuera aparecerá marcada en color oscuro), modificando su tamaño con los tiradores de cada esquina. Para mantener las proporciones, mantener pulsado [May] mientras se arrastran.

a. **GIMP:** Imagen → Herramientas → de transformación → recorte /

o **Transformación de la perspectiva**: Imagen → Herramientas → de transformación → recorte/ . La imagen se cubrirá con una rejilla y aparecerá una ventana de diálogo. Mover los tiradores para modificarla.

5. Color

o **Gestión del color:** Se encarga de convertir las representaciones del color de los dispositivos digitales para obtener una buena correspondencia en estos.

- **GIMP**: Barra de menús → Archivo → Preferencias → Gestión del color. // V 2.8.10: Barra de menús → Editar → Preferencias → Gestión del color. Opciones:
  - o **Modo de operación**:
    - *Sin gestión de color*
    - *Pantalla de color gestionado*: proporciona una muestra corregida de las imágenes según el perfil de color dado para la pantalla
    - *Simulación de impresión:* gestión de color aplicable a la pantalla y a la simulación de impresión.
  - o **Perfil del monitor**: perfil de color para mostrar GIMP en la pantalla.
    - *Intentar usar el perfil del monitor del sistema*: usar el del sistema operativo.

- o **Prueba de renderizado en pantalla**: formas de tratar los colores fuera de los presentes en el espacio original (*perceptible, colorimétrica relativa, saturación y colorimétrica absoluta*.)
- o **Perfil de simulación de impresión.**
- o **Seudo prueba de renderizado**: dos elementos diferentes para la prueba.
  - **Marcar a partir de los colores del gamut**: los píxeles con un color no imprimible se marcan con un color especial a elegir.

- o **Comportamiento de la apertura de archivos** (con un perfil de color incrustado que no encaja en el espacio de trabajo RGB):
  - *Preguntar que hacer.*
  - *Conservar perfil incrustado*: no convertirá la imagen al espacio de trabajo.
  - *Convertir al espacio de trabajo RGB*: usará el perfil de color incrustado para convertir la imagen al espacio de trabajo.

o **Corrección del color**:

- **Histograma:** muestra de forma gráfica la distribución estadística de los valores de color. Tiene dos ejes: horizontal (tonos oscuros a la izquierda y claros a la derecha), y vertical (cantidad de los niveles de gris). Para que exista un equilibrio entre blanco y negro, la imagen del histograma debe tener una distribución uniforme.
    - o Ventanas → Diálogos empotrables → Histograma

- **Balance/Equilibrio de color:** para corregir un color que presente unos valores extremos en una imagen. Presenta tres barras con colores opuestos en cada barra (de cian a rojo, de magenta a verde y de amarillo a azul), además de poder modificar medios tonos, sombras o iluminaciones.
    - o Herramientas → Herramientas de color → Balance de color

- **Curvas:** gráfico que ajusta el nivel de luminosidad de la imagen. La línea recta diagonal representa la tonalidad de la imagen (zona superior derecha para iluminaciones e inferior izquierda para sombras). El eje horizontal representa los valores de entrada y el vertical el de salida. Se pueden añadir puntos de control a la línea y moverlos; cuanto más elevadas sean las curvas, mayor será el contraste.

Herramientas → Herramientas de color → Curvas o colores → Curvas

- o **Brillo y contraste**: Herramientas → Herramientas de color → Brillo-Contraste. Barra independiente para cada uno, desplazable y permite modificar los valores de forma numérica.

- o **Tono y saturación**: Herramientas → Herramientas de color → Tono y saturación. Se puede modificar uno de los seis colores primarios o pulsar Principal y que se apliquen a todos los colores. Se pueden modificar con un valor numérico o desplazando el regulador.

6. Retoque fotográfico

Herramientas específicas para mejorar y optimizar las imágenes.

- **Métodos**:
    - **Orton**: combinar dos fotografías para crear un efecto de irrealidad. Es adecuado para fotografías de naturaleza y paisaje que contengan muchos elementos y colores. Una de las imágenes debe estar muy enfocada (tomada con un número f de entre 16 y 22), y la otra ha de estar sobrexpuesta hasta dos pasos. Los programas de retoque digital permiten combinar fácilmente dos imágenes para realizar el método Orton con las capas.
    - **HDR** (alto rango dinámico): se consigue una correcta exposición y detalle en la imagen. Se realizan varias fotos seguidas en las que se cambia la exposición y el diafragma. Posteriormente se procede con el *bracketing* (unirlas para tener una única foto con distintos tipos de exposición).

- **Herramientas:**
  - o **(Tampón de) clonar**): sirve para duplicar objetos y eliminar defectos en la imagen. Para ello, se pinta una parte de la imagen sobre otra parte de la misma, sobre otra imagen abierta con el mismo modo de colores, o una parte de una capa sobre otra capa. Tras definir define el punto de muestra en el área que se desea clonar con la herramienta seleccionada, se presiona [ctrl.] para seleccionar la zona a clonar.
    - ▪ **GIMP:** Herramientas → Herramientas de pintura → Clonar / [C] / herramienta.

      Opciones: caja de herramientas/ Ventanas → Diálogos empotrables → Opciones de herramienta
      - **Propias de las herramientas de pintura**:
        - o Modo: con gran variedad de efectos
        - o Opacidad: nivel de transparencia

- Pincel: porción de la imagen afectada por la herramienta
- Dinámicas: para mapear parámetros de pincel diferentes. Opciones:
  - Aplicar *jitter*: distancia entre pinceladas. Ajustable con el deslizador de cantidad
  - Trazado suave: afecta al trazado del pincel. Un valor alto hace que sea más rígido
  - Bordes duros.

- **Imagen**
  - Muestra combinada: si no se marca solo, se clona la capa seleccionada.
- **Patrón**: aplicable si se clona de un patrón como origen.

- **Alineación**: relación entre la posición del pincel y la de origen.

○ **Sanear:** reparan el área de una selección de la imagen. Se tiene en cuenta el área alrededor del destino antes de aplicar el clonado.

▪ **GIMP:** herramienta sanear / Herramientas → de pintura → sanear. Elegir tamaño y estilo del pincel, pulsar [ctrl] sobre el área a reproducir. Una vez hecha la selección, arrastrar el puntero a la zona a reparar.

○ Degradado: Ventanas → Diálogos empotrables → degradados. Permite crear colores sólidos. Cinco tipos:

▪ Frente a fondo (bordes duro): de negro a blanco con un límite duro

▪ Frente a fondo: HSV sentido horario o antihorario

- Frente a fondo (RGB): predeterminado entre los colores de frente y fondo de la caja de herramientas (en modo RGB).
- Frente a transparente: solo usa el color de frente (de opacidad a transparencia).
- Fundidos de imágenes:
  1. Capa → Duplicar
  2. Capa → Añadir máscara de capa → Blanco (opacidad total)
  3. **Ventanas** → diálogos empotrables → degradados → frente a transparente

- o **Calados:** define los píxeles finalmente seleccionados.
  1. Realizar selección
  2. Selección → Difuminar (Feather)

7. Filtros

Modifican la tonalidad original de la imagen o parte de ella. Son acumulativos, pueden aplicarse uno sobre otro. Filtros → _:

- o **Ruido** → Desparasitar. Elimina el ruido, conservando el enfoque de los bordes.

- o **Difumina**r →_. Suavizan y eliminan la definición y nitidez.
  - o **Desenfoque o blur** (leve)
  - o **Desenfoque de movimiento**: efecto de barrido de cuando se fotografía un objeto en movimiento.
  - o **Desenfoque gaussiano**: para desenfocar el fondo

o **Pixelar**: convierte la imagen en un conjunto de píxeles.

o **Realzar** → **Enfoque.** aumenta los detalles de las imágenes mejorando la definición de los bordes. Ventana con barra de desplazamiento e inclusión del valor numérico.

8. Montaje digital de imágenes

Permiten crear nuevas imágenes a partir de fragmentos de distintas fotos mediante el uso de las herramientas seleccionar, copiar y pegar. Se deben tener abiertas las ventanas de las imágenes con las que se va a trabajar.

- Ejemplo: incluir dos imágenes (una más grande que la otra) en otra de fondo
    1. Usar una herramienta de selección en la imagen a copiar.
    2. Crear una nueva capa en la ventana de fondo

- GIMP: **Imagen → Capa → Nueva capa**

3. Pegar la selección en la nueva capa

4. Modificar la capa (activa). Para variar el tamaño de la selección:

   - GIMP: Imagen → Imagen → **Escalar.**

SCRIBUS

Es una herramienta de autoedición para crear revistas, periódicos, carteles, calendarios y trípticos. Se pueden elaborar documentos PDF con características avanzadas, como botones y claves de acceso y exportar el documento como imagen en distintos formatos, jpg, png, etc.

Software libre, gratuito y de código abierto. No requiere registro.

Descarga: http://www.scribus.net/?q=downloads

Se recomienda instalar Gghostscript, que es un paquete de software capaz de interpretar los archivos PostScript (extensión PS) y los archivos Portable Document Format (los PDF de Adobe). Scribus puede ejecutarse sin instalar Gghostscript, en el caso de que no se trabaje con archivos PostScript, utilizados en publicaciones profesionales.

1. Área de trabajo

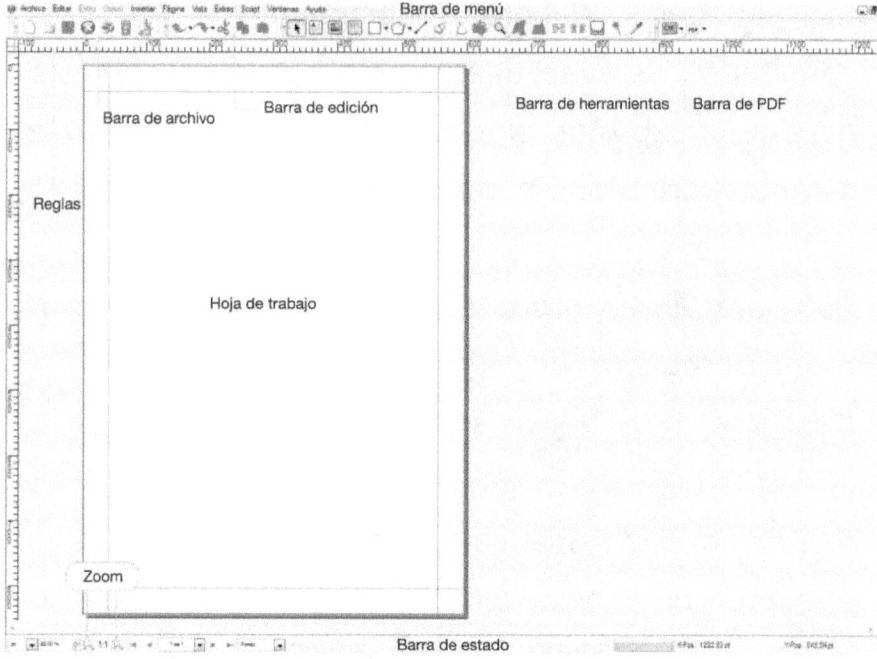

1. **Barra de título**: en esta sección aparece el nombre del archivo actual de trabajo y los controles básicos de manejo de la aplicación (minimizar, maximizar y cerrar).

2. Barra de menú: contiene todas las opciones de Scribus.

1. **Archivo**: se pueden crear, abrir, guardar, cerrar y exportar documentos.

3. **Editar**: se puede copiar, cortar y pegar tanto texto como imagen; también permite buscar y reemplazar texto dentro del documento activo de trabajo, modificar colores y estilos de párrafo.

4. **Estilo**: permite definir tipografía, tamaño, efectos, alineación, color, saturación y tabuladores del texto.

5. **Objeto:** permite duplicar, agrupar, borrar y modificar objetos.

6. **Insertar**: permite ver los principales componentes de la barra de herramienta.

7. **Página:** permite insertar, importar, borrar, copiar, mover, entre otras funciones, la página del documento.

8. **Vista:** permite ajustar la vista del documento.

9. **Extras:** contiene opciones de uso secundario, como dividir el texto por sílabas, generar tablas de contenido, etc.

10. **Ventanas:** permite modificar la visualización de las ventanas.

3. Barra de archivos:

1. Nuevo
2. Abrir
3. Guardar
4. Cerrar
5. Imprimir
6. Verificación previa
7. Guardar como PDF

4. Barra de edición:

1. Deshacer
2. Rehacer
3. Cortar
4. Copiar
5. Pegar

5. Barra de herramientas: cada icono es un atajo que permite acceder en vez de ir directamente a las funciones más importantes de la aplicación.

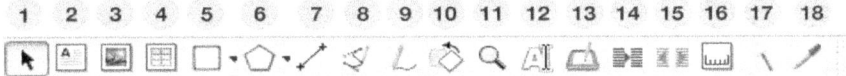

1. Seleccionar objeto.

2. Insertar marco de texto.

3. Insertar marco de imagen.

4. Insertar tabla.

5. Insertar forma.

6. Insertar polígono.

7. Insertar líneas.

8. Insertar curvas Bézier.

9. Insertar líneas a mano alzada.

10. Rotar objeto.

11. Zoom.

12. Editar contenido del marco.

13. Editar el texto en el editor interno.

14. Enlazar marcos de texto.

15. Desenlazar marcos de texto.

16. Mediciones.

17. Copiar propiedades del objeto.

18. Cuentagotas.

6. **Barra de herramientas PDF:** brinda las funciones específicas para elaborar un PDF.

　　1. Insertar campos PDF

　　2. Insertar anotaciones PDF

7. Hoja de trabajo: lugar principal donde se escriben los textos y se insertan imágenes, entre otras tareas.

8. Barra de estado: brinda información sobre el formato de texto actual, la página en la que se está trabajando, entre otra información.

9. Regla horizontal y regla vertical: dan una ubicación en pantalla para alinear gráficos y utilizar tabulaciones, además de ajustar los márgenes de página.

10.　**Zoom:** permite aumentar o reducir el tamaño de la hoja de trabajo.

2. Principales operaciones

2.1. Nuevo documento

Al ingresar al programa aparecerá automáticamente la ventana para configurar un nuevo documento. En el caso que se cierre la ventana ir a Barra de menú → Archivo → Nuevo.

-Componentes del Nuevo documento:

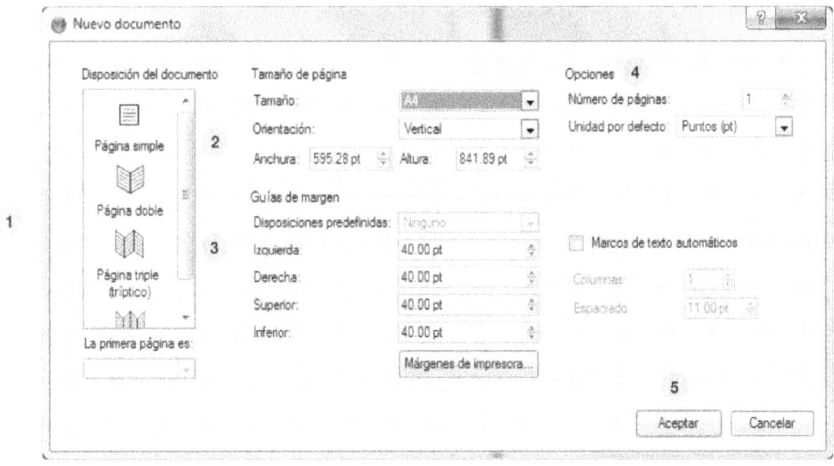

1. Disposición del documento: seleccionar qué tipo de documento se desea realizar. Ej.: página simple, doble, tríptico, etc.

2. Tamaño de página:

11. Tamaño: seleccionar el tamaño del papel. Ej.: A4.

12. Orientación: Vertical u horizontal

13. Anchura: graduar el ancho del documento.

14. Altura: graduar el alto del documento.

3. Guías de margen: se establecen los valores para los cuatro márgenes.

4. Opciones: Número de páginas que se utilizarán y Unidades por defecto. Pueden modificarse desplegando las opciones con la flecha.

2.2. Organizar guías

Para comenzar a construir el documento hay que definir los espacios de la hoja que se utilizarán. Para ello se deben crear guías: en Barra de menú → Página → Organizar Guías...

La ventana emergente, **Gestor de guías**, se utiliza para configurar el número de columnas:

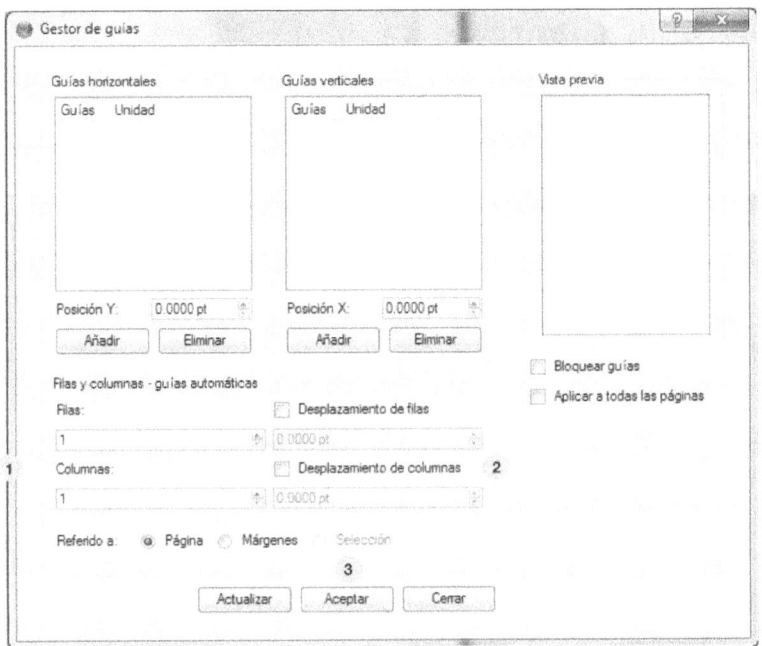

1. Numero de filas / columnas

2. Para dejar separaciones entre filas/columnas: se debe activar la opción Desplazamiento de filas/columnas y seleccionar un valor.

2.3. Agregar cuadro de imagen

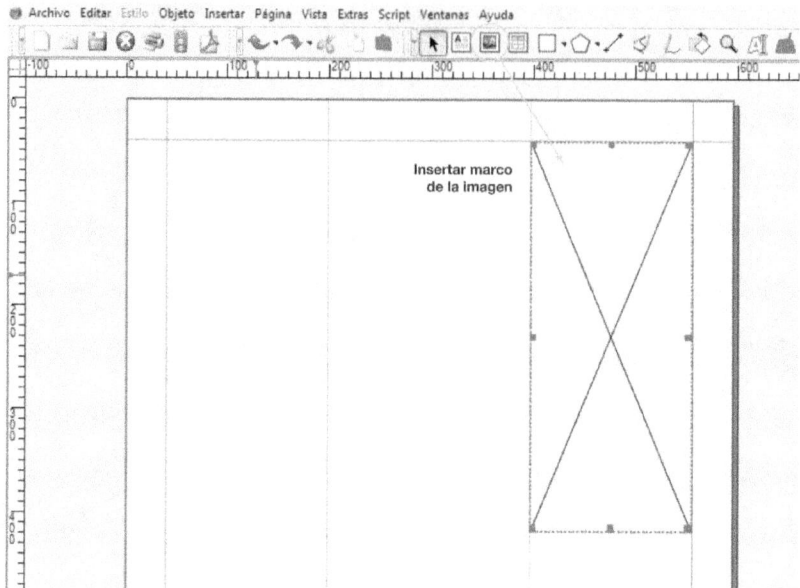

1. Barra de herramientas → **Insertar marco de imagen**

2. Seleccionar el lugar de la hoja de trabajo donde se desea colocar la imagen.

3. Sin soltar el botón del mouse, arrastrar hasta dibujar el marco del objeto.

4. Para agregar una imagen en el cuadro seleccionar con el botón derecho del mouse la opción Obtener imagen.

2.4. Agregar cuadro de texto

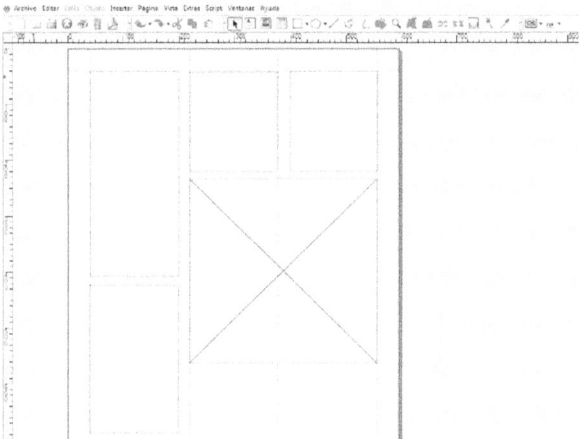

1. Barra de herramientas → **Insertar marco de texto**

2. Ir al lugar de la hoja de trabajo donde se desea colocar el cuadro de texto y sin soltar extender la selección, hasta obtener el tamaño de cuadro de texto deseado.

2.5. Editar el texto

Para agregar texto en el cuadro, presionar sobre este último el botón derecho del mouse → Editar texto. Esta acción abrirá una aplicación que se llama **Editor interno.**

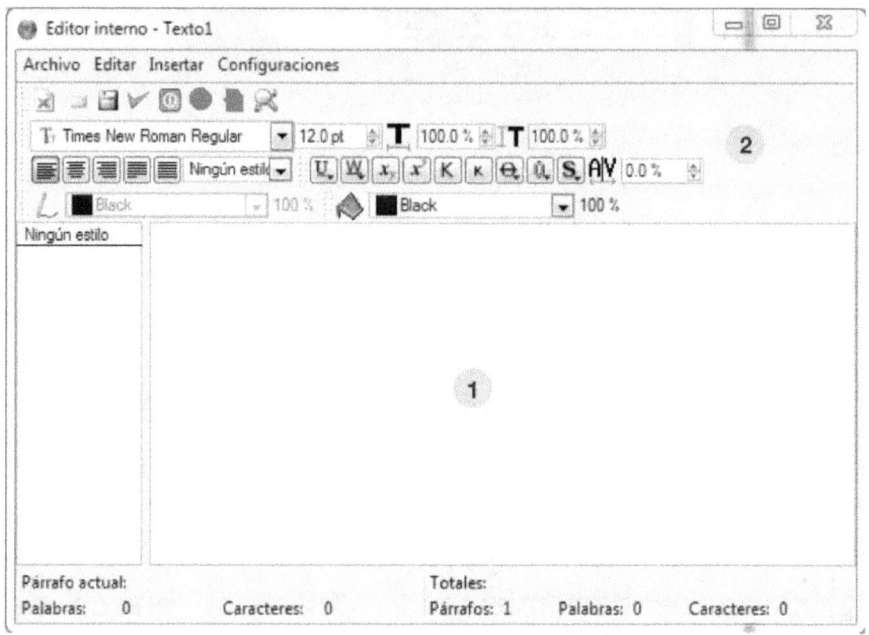

1. Escribir el texto.

2. Seleccionar el texto para darle el formato. Ej.: cambiar color, tamaño, fuente, etc.

3. Seleccionar   Actualizar marco de texto para salir del programa.

2.6. Propiedades de texto

1. Seleccionar el cuadro de texto para modificar las propiedades. Se pueden modificar tanto en los cuadros de texto como en los de imagen.

2. Con el botón derecho del mouse, → Propiedades.

3. Se desplegará una barra con opciones para dar formato al cuadro del texto.

4. Para modificar la forma del cuadro ir a **Forma**

- Seleccionar en el cuadrado para que se desplieguen las diversas formas que se puede elegir.

- En caso de querer realizar una forma que no esté en el desplegable, seleccionar en Editar forma y elegir alguna de las diferentes opciones de nodos.

- Tanto en los cuadros de imagen como de texto se pueden seleccionar con más precisión la ubicación, el ancho, la altura y rotación del cuadro. Seleccionar la opción X, Y, Z.

- En el caso de querer editar un cuadro de texto, se puede modificar desde la opción Texto. Se podrá modificar fuente, tamaño, color, relleno, alineación del texto, etc.

- Desde la opción Línea se puede modificar el tipo, ancho, esquina y terminación de la línea del cuadro de texto o imagen.

- Desde la opción Colores se puede modificar el color del cuadro de texto o imagen.

2.7. Añadir texto desde un documento

1. En el caso que se cuente con el texto previamente escrito en algún procesador de textos, se podrá abrir en el cuadro de texto generado.

2. Seleccionar con el botón derecho del mouse sobre el cuadro de texto → Añadir texto.

3. Seleccionar el documento que está guardado en la computadora.

Si el texto es muy amplio y no cabe en una columna se puede seleccionar en qué cuadro continúa:

1. Crear los cuadros de textos que se necesiten.

2. En el primer cuadro de texto aplicar el botón derecho del mouse → Añadir texto. Buscar el texto y abrirlo.

3. El texto ingresado excede el tamaño del cuadro de texto que se generó, con lo cual hay que cargar el texto que no se ve en otro cuadro. Para ello: Barra de herramientas → Enlazar marcos de textos

4. Seleccionar el segundo cuadro de texto. En forma automática el texto que no entró en el primer cuadro pasará al segundo, mostrando una flecha que indica que el texto continúa en el segundo cuadro.

Dengue

El dengue es una enfermedad viral aguda, producida por el virus del dengue, transmitida por el mosquito Aedes aegypti, que se cría en el agua acumulada en recipientes y objetos en desuso. El dengue es causado por cuatro serotipos del virus del dengue: DEN-1, DEN-2, DEN-3 ó DEN-4; estrechamente relacionados con los serotipos del género Flavivirus, de la familia Flaviviridae.[1] Esta enfermedad es más frecuente en niños, adolescentes y adultos jóvenes. Se caracteriza por una fiebre de aparición súbita que dura de 3 a 7 días acompañada de dolor de cabeza, articulaciones y músculos.[2] Una variedad potencialmente mortal de la fiebre del dengue es el dengue grave que cursa con pérdida de líquido o sangrados o daño grave de órganos, que puede desencadenar la muerte. Es una misma enfermedad, con distintas manifestaciones, transmitidas por el predominante en áreas tropicales y subtropicales (África, norte de Australia, Sudamérica, Centroamérica y México); aunque desde la primera década del s. XXI se han reportado casos epidémicos otras regiones de Norteamérica y en Europa.

Historia

El origen del término Dengue no está del todo claro. Una teoria dice que deriva de la frase de la lengua swahili : "Ka-dinga pepo", describiendo esa enfermedad como causada por un fantasma.[3] Aunque quizás la palabra swahili "dinga" posiblemente provenga del castellano "dengue" para fastidioso o cuidadoso, describiendo el sufrimiento de un paciente con el típico dolor de huesos del dengue.[4] [5] El primer registro potencial de un caso de dengue viene de una enciclopedia médica

2.8. Guardar

- Barra de menú → Archivo → Guardar.

- Se guardará con el formato **SLA**, que es el formato nativo del programa. Los archivos SLA sólo se pueden abrir con el programa Scribus. Mientras se edite la publicación hay que utilizar este formato. Cuando el trabajo esté terminado, para publicarlo en Internet se debe crear un PDF o un archivo de imagen (JPEG).

2.9. Exportar a otro formato

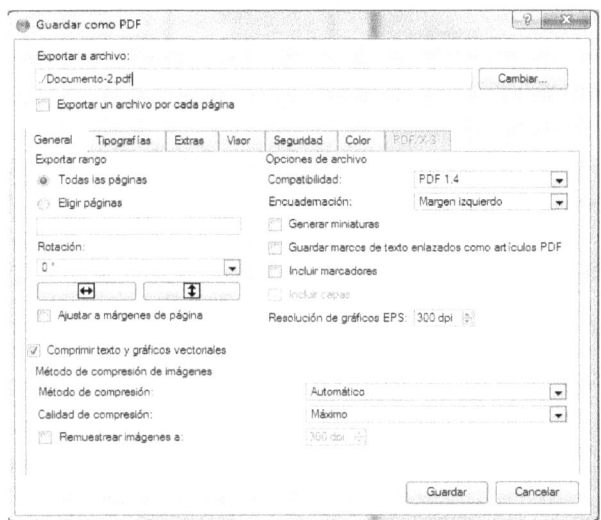

1. Barra de menú → Archivo → Exportar.

2. Elegir el formato con el que se quiera exportar el trabajo. (PDF, JPG, PNG, BMP, etc.)

3. Si se elije guardar como PDF aparecerá una nueva ventana para configurar el PDF.

6. En Exportar a archivo, seleccionar Cambiar.

7. Se abrirá una ventana Guardar como. Elegir el lugar de la computadora donde se almacenará el archivo y en Nombre de Archivo, colocar el nombre. Seleccionar Guardar.

8. En el caso que no se quiera modificar nada seleccionar directamente Guardar en la ventana Guardar como PDF.

2.10. Recolectar para la salida

Cuando se guarda el archivo con la extensión SLA, las imágenes que tenga la publicación se guardan a modo de referencias (enlaces), con lo cual, sólo podrá verse en la computadora donde se creó la publicación. Para poder ver la publicación en cualquier otra computadora ir a la Barra de menú → Archivo → Recolectar, para salida. Se generará una carpeta con todas las imágenes que se utilizaron en la publicación, que permitirá trasladar y abrir la publicación a cualquier otra computadora sin perder los contenidos.

CALIBRE

Calibre es un gestor y organizador de libros electrónicos gratuito, que permite la conversión de numerosos formatos de archivos para libros electrónicos. Simplifica la administración de una colección de libros electrónicos ya que:

- Organiza la colección como una base de datos.
- Maneja las colecciones de cualquier tamaño, al poseer una variedad de herramientas que permite manipular metadatos de los libros electrónicos tales como título, autor, popularidad, etc.
- Convierte a varios formatos de libros electrónicos.
- Soporta gran variedad de números de lectores de libros electrónicos, incluyendo Kindle, Sony y Nook, entre otros.

Calibre está compuesto por tres grupos funcionales:

- Una "Interfaz Gráfica de Usuario" (**GUI** en inglés). Todas las principales funcionalidades de Calibre están disponibles a través de GUI.
- Una "Colección de utilidades de Líneas de Comandos", (en inglés **CLI**), para operaciones avanzadas del software.

- Una aplicación para leer libros electrónicos que se puede acceder desde GUI.

-Usos de Calibre:

- Organizar una colección de libros electrónicos.
- Convertir a varios formatos de libros electrónicos.
- Descargar noticias de Internet.
- Interactuar con dispositivos.
- Visualizar libros electrónicos.

1. Área de trabajo:

1.1. Barra de herramientas

a. Añadir libros.

b. Editar metadatos.

c. Convertir libros.

d. Mostrar.

e. Biblioteca de libros.

f. Donar/Contribuir económicamente.

g. Descargar noticias.

h. Guardar en el disco.

i. Conectar/compartir.

j. Eliminar libros.

k. Ayuda.

l. Preferencias.

Navegador y búsqueda de libros: permite hacer una búsqueda de un libro determinado. Para volver a la lista completa de libros, hay que borrar el texto escrito en la caja de texto de búsqueda.

- **Navegador de etiquetas**
  - Autores: permite ver el listado de autores existente. Al seleccionar esta opción se desplegarán en orden alfabético.
  - Serie: muestra los libros en una determinada serie todos juntos. Formatos: muestra u oculta el panel de información de los formatos de los libros.
  - Editoriales: muestra las editoriales existentes, según los libros catalogados.
  - Calificaciones: sector para otorgar puntaje a un libro previamente seleccionado.
  - Noticias: permite ver las noticias descargadas.
  - Etiquetas: activa la vista Navegador de etiquetas, situada a la izquierda de la lista principal de libros.

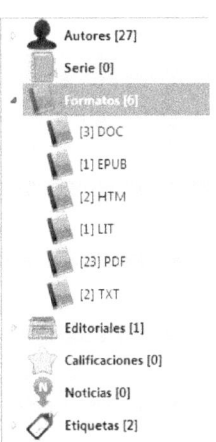

- **Explorador de portadas:** muestra los libros en orden alfabético.

- **Visualización del libro**: panel situado a la derecha que muestra los detalles del libro seleccionado (portada, formato, etiquetas, etc.) Al seleccionar la portada del libro, aparecerá una ventana que mostrará información detallada sobre el texto. Si se selecciona la opción **Ruta**, se podrá acceder al libro almacenado en la computadora.

- **Barra de tareas, navegador, portadas y libros**

1. Muestra u oculta el Explorador de pestañas. Permite visualizar las portadas de los libros. Se puede navegar a través de las portadas de los libros con las flechas, derecha e izquierda del teclado.
2. Muestra u oculta el Navegador de etiquetas.

3. Muestra u oculta Detalles del libro.

4. Muestra si existe algún trabajo en progreso en Calibre. Si se selecciona el icono se abrirá una ventana en donde se observará con mayor detalle las tareas que se están realizando.

2. Paso a paso

2.1. Como leer libros electrónicos

 Una vez que se encontró el libro, seleccionarlo en la lista principal de libros y apretar dos veces el botón derecho del Mouse y pincha en mostrar. Calibre abrirá el libro con el programa determinado. Por ejemplo, si es un archivo PDF lo abrirá con Sumata pdf. Si es archivo .doc. lo abrirá con OpenOffice Writer. El formato .epub se abrirá en el visor de libros electrónicos de Calibre.

2.2. Visor de libros electrónicos

El visor de libros electrónicos permite leer los libros con formato .epub y lit, entre otros. Incluye una barra de menú lateral y otra de búsqueda.

1. Barra de búsqueda
2. Barra lateral
3. Adelante y atrás
4. Abrir libro electrónico
5. Copiar al portapapeles
6. Tamaño de letra (mayor y menor)
7. Índice
8. Metadadots
9. Botones para pasar de página (anterior y siguiente)
10. Marcador
11. Modelo Referencia
12. Preferencias
13. Conmutar pantalla completa
14. Imprimir

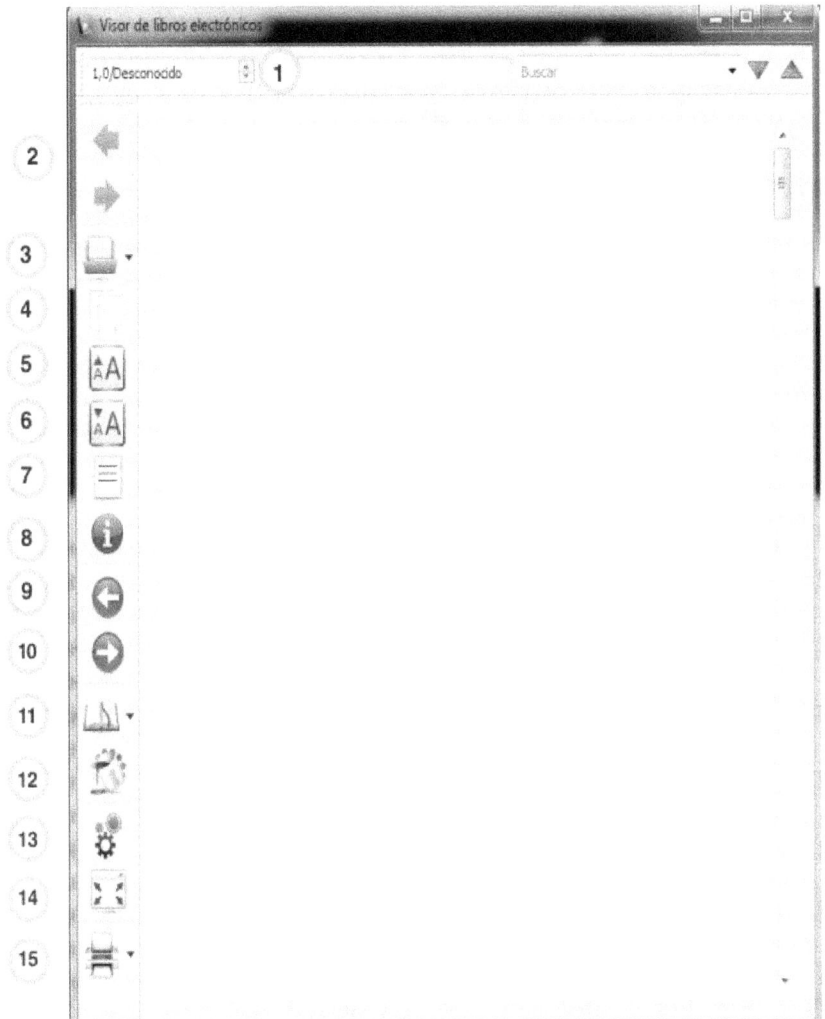

2.3. Añadir libros

Para activar los libros electrónicos en la base de datos dentro de Calibre:

1. En la Barra de herramientas, ir a Añadir libros.

2. Se abrirá una ventana. Seleccionar el libro electrónico y pulsar Abrir. Cuando Calibre importa un libro electrónico, hace una copia en el lugar de almacenamiento designado durante la instalación del programa. Una vez que se haya agregado un libro electrónico a Calibre, no es necesario acceder al archivo original.

2.4. Edición y metadatos

Durante el proceso de importación del libro electrónico, Calibre trata de leer los **metadatos** desde el libro electrónico (conjunto de información almacenada en el libro electrónico: autor, género, título, tamaño del libro, editorial, etc.)

Para editar los metadatos:

1. Seleccionar el libro cuyos metadatos se quiere modificar. En la Barra de herramientas, seleccionar el botón Editar metadatos.

2. En la ventana Editar metadatos, se podrá completar manualmente los datos específicos del libro o ir a Obtener metadatos del servidor para buscarlos en el servidor. Calibre mostrará posibles concordancias con la información ingresada. Si existe más de una concordancia, seleccionar la entrada adecuada.

3. Si el libro no tiene una imagen de portada pueden ir a Descargar portada para buscarla en Internet. A su vez, se puede agregar una imagen almacenada en la computadora, seleccionando Explorar. El botón Recortar, permite corregir el tamaño de la imagen.

4. En la columna de la derecha se podrán agregar comentarios sobre el libro. Posee una serie de botones que permiten darle formato al comentario agregado.

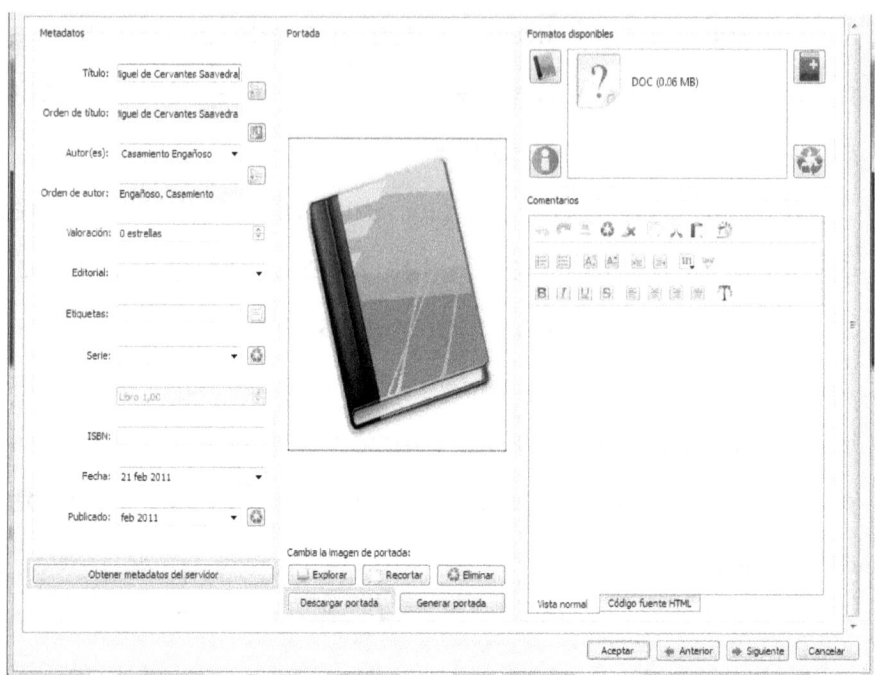

2.5. Búsqueda

Para buscar un libro, ir a la barra situada debajo de la Barra de herramientas. Se puede buscar por cualquier información que esté contenida en los metadatos. Los libros electrónicos que coincidan con el dato buscado se mostrarán en la lista principal de libros.

1. Historial de búsqueda.

2. Búsqueda avanzada.

3. Cuadro de búsqueda.

4. Iniciar la búsqueda.

5. Reiniciar la búsqueda rápida.

6. Permite modificar la forma en la que se realizan las búsquedas de los libros.

7. Búsquedas guardadas.

8. Copiar el texto de la búsqueda.

9. Guardar la búsqueda actual.

10. Borrar la búsqueda guardada actual.

A su vez se puede usar el Navegador de etiquetas para realizar búsquedas dentro de la colección. En caso que no se pueda visualizar, usar el botón del Navegador de etiquetas situado al lado derecho del botón Explorador de portadas.

Al presionar el triángulo situado a la izquierda de los botones Autores, Formatos, Editoriales, Calificaciones, etc., se obtendrá información adicional. Ej.: si se selecciona el botón Autores, aparecerá una caja que mostrará todos los autores presentes en la biblioteca de Calibre.

2.6. Conversiones

La conversión sólo es necesaria cuando Calibre no soporte un formato de libro electrónico.

1. Abrir el programa y desde la lista principal de libros seleccionar el libro electrónico que se desea convertir.

2. Conectar el lector de libros electrónicos al ordenador. Tardará un momento para detectar y escanear el lector de libros electrónicos. Seleccionar el botón de la Barra de herramientas - Send to device (Enviar a dispositivo).

3. Calibre permite para reconocer si el libro electrónico está en un formato soportado por la lectora. Si no es así, preguntará si se quiere autoconvertir.

2.7. Descargar noticias

Calibre permite descargar noticias desde diversas fuentes. Existen 337 fuentes distintas de diferentes partes del mundo, muchas de ellas, gratuitas. Se aconseja descargar automáticamente en el momento que sea conveniente. Si no se desea que esto se realice de manera automática, existe la opción de realizar la descarga en forma manual.

1. Ir a la Barra de herramientas y seleccionar Descargar noticias (RSS)
2. Al presionar Descarga de noticias planificada, se podrá elegir del listado la fuente para descargar las noticias.

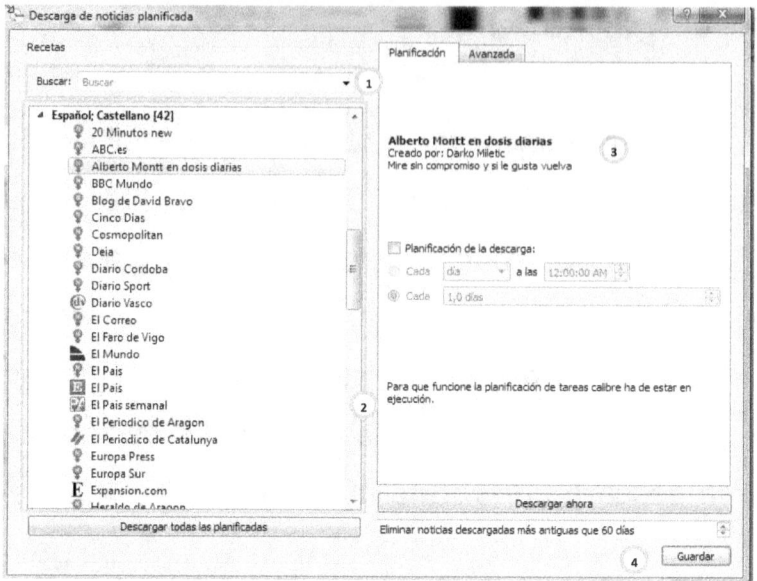

1. Barra de búsqueda.

2. Contenidos encontrados para lectura.

3. Título de la selección del texto electrónico.

4. Guardar la búsqueda.

WORDPRESS BÁSICO

WordPress comenzó originalmente como una plataforma de blogging pero actualmente se usa para crear cualquier tipo de sitio web, como:

- **Blog**: sitio donde publicar artículos y contenido sobre un tema específico.
- **Página web corporativa:** sitio para dar a conocer tu empresa y ofrecer tus productos o servicios
- **E-commerce**: tienda virtual para vender cualquier tipo de productos.

Destaca por su facilidad de uso, compatibilidad con buscadores y SEO y por ser un software de código abierto (libre y gratuito).

1. Wordpress.com vs. Wordpress.org

Existen dos versiones de WordPress:

- **WordPress.com**: versión web limitada. Se alojan en WordPress y tienen un dominio que esta compuesto por el nombre elegido más wordpress.com. Wordpress controla su contenido, trabajo técnico y mantenimiento. Entre sus limitaciones destaca el espacio disponible (3 GB para imágenes y archivos), la carencia de plugins y que no se pueden instalar temas (solo elegir entre una selección reducida). Por ello, se recomienda para blogs gratuitos que enlacen a tu sitio web principal.

- **WordPress.org**: versión completa independiente. Se trata de un software descargable que se instala en un dominio propio alojado en un servidor web (lo que supone un coste económico). Esta versión ofrece el control completo sobre el contenido, una imagen profesional gracias al dominio propio, plugins, temas premium y funciones avanzadas. Se recomienda para páginas web corporativas, sitios e-commerce o proyectos web que requieran tráfico de usuarios.

2. Escritorio y herramientas

El escritorio de WordPress es la parte principal donde se administra y se realizan las tareas esenciales del sitio. Para acceder hay que añadir a la URL del dominio "/admin" o "/wp-admin"

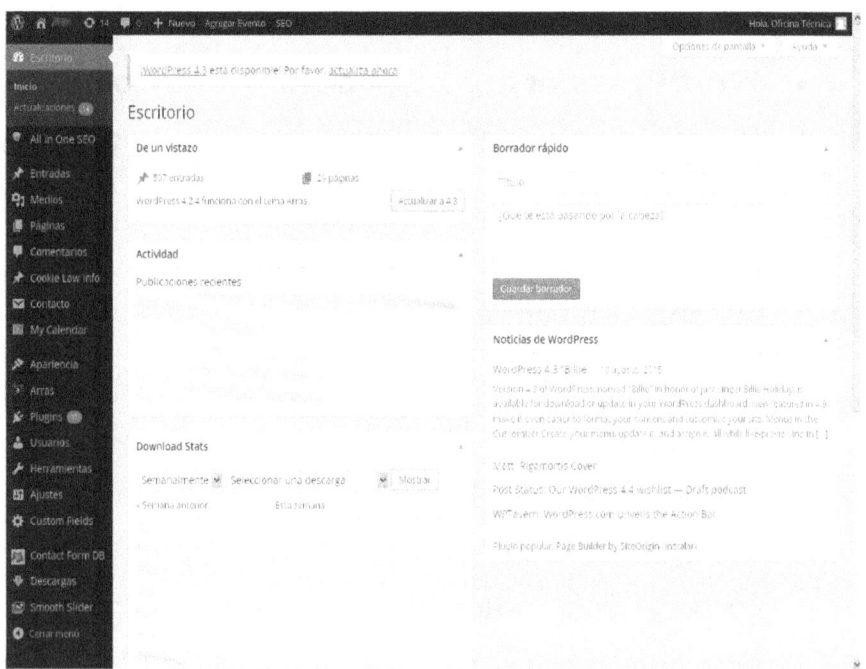

Podemos destacar las siguientes secciones del escritorio:

- **Ventana principal central**: ofrece el resumen de la actividad, un borrador rápido y noticias de WordPress. Las opciones de pantalla (parte superior) permiten configurar los elementos a mostrar.

- **Barra superior**: para visitar el sitio, crear nuevas entradas o comprobar el SEO.

- **Barra lateral izquierda** (de arriba abajo):
  o Actualizaciones
  o Entradas: agregar y editar ya existentes.
  o Medios: añadir imágenes, documentos o videos.
  o Páginas: crear páginas o secciones estáticas sin fecha de publicación (Contacto, etc.).
  o Comentarios: edición, aprobación, spam y papelera.
  o Información del tema: modificar diseño o estructura.

- Apariencia: instalar nuevos temas, modificar el código e instalar widgets.
- Plugins: instalar, editar o eliminar.
- Usuarios: administrar los perfiles de usuarios con acceso al sitio.
- Herramientas.
- Ajustes: configuración básica del sitio.

3. Componentes

WordPress ofrece tres componentes principales:

Plugins: complementos que aumentan las capacidades y posibilidades de WordPress en áreas como marketing, SEO, diseño web o seguridad. Se recomienda instalar solo los más importantes ya que su exceso puede ralentizar el sitio. Algunos plugins destacables son:

- **All in One SEO Pack**: configura el sitio para mejorar el SEO (título, descripción en resultados de búsqueda, palabras clave, etc.).

- **Google XML Sitemaps**: crea un mapa del sitio para facilitar el indexado de Google.
- **Contact Form 7**: crea un formulario de contacto.
- **Tiny MCE Advanced**: agrega más opciones al editor de textos de WordPress.
- **Sharebar**: instala una barra lateral en el post para compartirlo en redes sociales.
- **Broken Link Checker**: comprueba los enlaces que no funcionan.
- **Akismet**: rastrea los comentarios para evitar spam.
- **SEO Friendly Images**: optimiza las imágenes subidas para el SEO.
- **Google Analytics ford WordPress**: ofrece estadísticas sobre el tráfico del sitio.
- **W3 Total Cache:** acelera el rendimiento y tiempo de carga del sitio.
- **Google Drive for WordPress**: realiza una copia de seguridad del sitio en Google Drive.

- ○ **Ultimate Security Checker**: realiza un diagnóstico de la seguridad del sitio.

- **Temas**: plantillas para modificar la apariencia y diseño del sitio. Existen temas gratuitos y premium (de pago), estos últimos ofrecen más posibilidades de diseño y personalización.

- **Widgets**: bloques de información ubicados en las barras laterales de WordPress (algunos también en el encabezado, página de inicio o pie de página). Aportan un mayor control sobre el diseño y contenido del sitio. Se adaptan a los plugins y temas instalados.

4. Cómo escribir un post

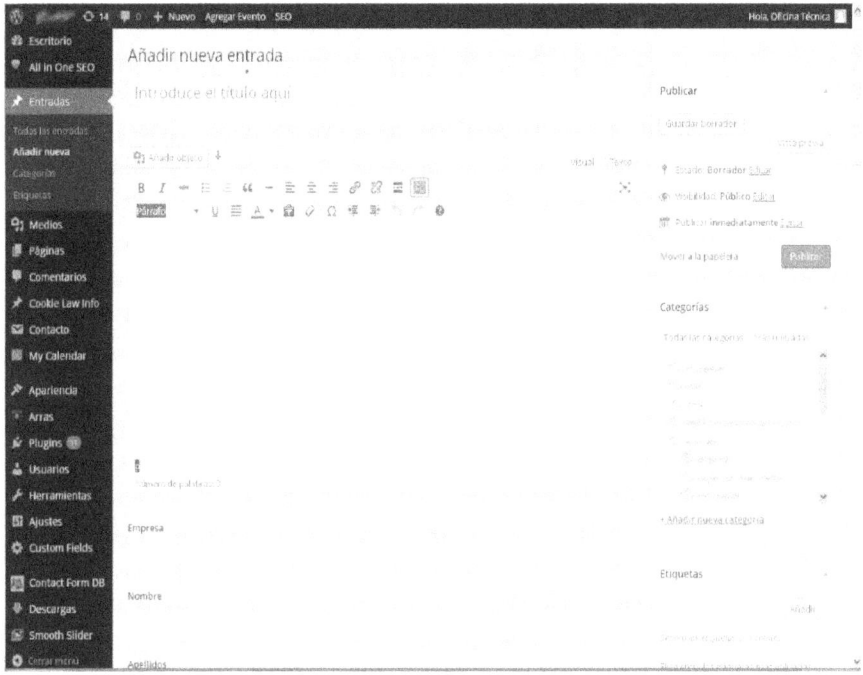

1- En la **barra superior del escritorio** pinchar en **+Nuevo**>entrada, o en la barra lateral> **entradas**> añadir nueva.

2- En la ventana de **nueva entrada**, elegir:

- o **Título de entrada**
- o **Contenido**: puede ser texto, imágenes, links video o audio. En su parte superior

se encuentra la barra de edición para darle forma al texto y el comando **añadir objeto**. En la parte superior derecha se puede elegir entre visual o texto (en código de programación)

o **Opciones de SEO**: título, descripción, palabras clave, etc.

3- En la barra lateral derecha:

o **Categorías**: palabras clave para clasificar la entrada en un grupo o tema.

o **Etiquetas**: palabras que definen de manera más concreta el post, están vinculadas a las categorías y a las palabras clave.

o **Imagen destacada**: imagen de inicio de nuestra entrada.

o **Actualizar:** guardar los cambios.

ÍNDICE

La imagen y el producto editoriales

    1. La imagen   6

    2. Características de la imagen   9

    3. Tipos de imagen   19

    4. Criterios de selección   21

    5. Historia de la imagen   25

    6. Imagen analógica y digital   29

Tratamiento digital de la imagen

    1. Tipos de imagen   33

    2. Resolución de la imagen   36

    3. Compresión   38

    4. Formatos de la imagen   40

    5. Elementos del color   45

    6. Estándares   53

    7. Adaptación al producto   54

Gimp   56

Scribus   91

Calibre   112

Wordpress   128

Bibliografía   139

BIBLIOGRAFÍA Y REFERENCIAS

ALBERICH, P.J.: *Grafismo multimedia: Comunicación, diseño, estética*. Barcelona: UOC, 2007.

BUENOS AIRES CIUDAD: *Gimp*. Plan Integral de Educación Digital. Dirección Operativa de Incorporación de Tecnologías (InTec). Ministerio de Educación. 2015.

BUENOS AIRES CIUDAD: *Tutorial de Calibre*. Plan Integral de Educación Digital. Dirección Operativa de Incorporación de Tecnologías (InTec). Ministerio de Educación. 2015.

BUENOS AIRES CIUDAD: *Tutorial de Scribus*. Plan Integral de Educación Digital. Dirección Operativa de Incorporación de Tecnologías (InTec). Ministerio de Educación. 2015.

DEWIT, O.: *Fotografía digital: dispara, retoca y difunde*. Barcelona: ENI, 2004.

DONIS, A.D.: *La Sintaxis de la Imagen. Introducción al alfabeto visual*. Barcelona: Gustavo Pili, 2012.

GATTER, M.: *Listo para imprenta: cómo llevar los proyectos de la pantalla al papel*. Barcelona: Índex Book, 2008.

GIMP. *Programa de manipulación e imágenes de GNU. Manual de usuario*. [Consultado el 02/08/15]. http://docs.gimp.org/2.8/es/

GONZALEZ, G.: *Tipos de imágenes y formatos*. Cursos Recursos TIC (IES Varcárcel). [Consultado el 25/07/15]. https://sites.google.com/site/ticvalcarcel/optimizacion-de-imagenes-para-internet/tipos-de-imagenes-y-formatos

HERRIOT, L.: *Quinientos trucos, consejos y técnicas de ilustración digital.* Barcelona: Promopress, 2010.

LRDNER, J.: *Técnicas del arte digital para ilustradores y artistas: la guía esencial para crear trabajos de arte e ilustración con Photoshop, Illustrator y otros programas*. Barcelona: Acanto, 2012.

MESA, J.: *La resolución de la imagen digital. 300 dpi vs 72 dpi*. Blog El Colombiano: Visión Fotográfica. 2011. [Consultado el 28/07/15]. http://www.ecbloguer.com/visionfotografica/?p=1286

PESIS, H.: *Photoshop: Técnicas de manipulación y retoque*. Argentina: A Todo Color, 2010.

RUIZ J. y SÁNCHEZ J.: *Curso de creación y retoque de imágenes con GIMP*. Universidad de Málaga. [Consultado el 31/07/15]. http://tecnologiaedu.uma.es/index.php/materiales/19-curso-de-creacion-y-retoque-de-imagenes-con-gimp

VILCHES, L.: *La lectura de la imagen. Prensa, cine televisión.* Barcelona, Paidós. 1984.

VILLAFAÑE, J.: *Introducción a la teoría de la imagen*. Madrid, Pirámide, 1992.

VILLAFAÑE, J.; y MÍNGUEZ, N. *Principios de teoría general de la imagen*, Madrid, Pirámide, 2002.

V.V. A.A.: *Estamos hablando de ilustración.* Barcelona: Índex Book, 2007.

ZERBS, C.: *Introducción a la fotografía digital.* 2008. [Consulta: 23/07/15] http://www.uv.mx/personal/lenunez/files/2013/06/INICIACION-A-LA-FOTOGRAFIA-DIGITAL-DeCamaras.pdf

Z1EEGEN, L.: *Principios de ilustración: como generar ideas, interpretar un brief y promocionarse.* Barcelona: Gustavo Pili, 2005.

www.ingramcontent.com/pod-product-compliance
Lightning Source LLC
Chambersburg PA
CBHW051922170526
45168CB00001B/498